好妈妈胜过好老师

杨建峰　编著

扫码点目录听本书

中国民族文化出版社

北　京

图书在版编目（CIP）数据

好妈妈胜过好老师／杨建峰编著. —北京：中国民族文化出版社有限公司, 2019.10（2022.7 重印）

ISBN 978 -7 -5122 -1263 -3

Ⅰ. ①好… Ⅱ. ①杨… Ⅲ. ①家庭教育　Ⅳ. ①G78

中国版本图书馆 CIP 数据核字（2019）第 202037 号

书　名：好妈妈胜过好老师

作　者：杨建峰

责　编：陈　希　胡小平

出　版：中国民族文化出版社

地　址：北京东城区和平里北街 14 号（100013）

发　行：010 -64211754　84250639

印　刷：三河市众誉天成印务有限公司

开　本：32k　880mm ×1230mm

印　张：6

字　数：136 千

版　次：2022 年 7 月第 1 版第 7 次印刷

ISBN 978 -7 -5122 -1263 -3

定　价：36.00 元

前　言

有一个女孩，高中毕业后没有考上大学，找工作多次都不顺利。然而每次女孩失败回来的时候，母亲总是安慰她，鼓励她。

起初，她被安排在本村的小学教书。结果，上课还不到一周，就被学生轰下台，灰头土脸地回到了家里。母亲为她擦干眼泪，安慰她说："满肚子的东西，有的人倒得出来，有的人倒不出来，也许有更合适的事情等着你去做。"

后来，她外出打工又被老板轰了回来，原因是手脚太慢。母亲对女孩说："手脚总是有快有慢的，别人已经干了好多年了，而你一直在念书，怎么快得了。"

女孩后来当过纺织工，干过市场管理员，做过会计，但无一例外都半途而废。然而每次女孩失败回来的时候，母亲总是安慰她，鼓励她，从来没有说过灰心和抱怨的话。

30多岁的时候，女孩凭着语言的天赋，做了聋哑学校的一位辅导员。后来，她开办了一家自己的残障学校。再后来，她又在许多城市开办了残障人士用品连锁店。

有一天，功成名就的女孩向已经年迈的母亲问道："妈，那些年我连连失败，自己都觉得前途非常渺茫，可你为何对我那么有信心呢？"母亲的回答朴素而简单："因为你是我的孩子，不论怎样我都爱你！ 你犯错也好，失败也好，妈妈都会是你永远温暖的港湾。再说了，一块地，不适合种麦子，可以试试种豆子；豆子也种不好的话，可以种瓜果；瓜果也种不好的话，撒上些荞麦种子也许能开花。 因为一块地，总会有一粒种子适合它，也总会有属于它的一片收成。"

听了母亲的话，女孩落泪了。 她明白了，实际上，母亲恒久不变的信念和爱，就是最坚韧的一粒种子。

虽然这只是家庭教育中一个很平常、很普通的例子，但是，从这个小小的例子中能看到母爱对于一个孩子来说有多么重要！

母亲由于母爱的天性，与孩子有一种天然的亲切感，所以在家庭中，一般来说孩子主要由母亲来教育抚养，孩子与母亲的关系也更亲近。 不论是为孩子营造环境，还是对其言传身教，母亲对孩子的教育都意义重大，可谓任重而道远。

德国著名教育家福禄贝尔曾说："国民的命运，与其说是操纵在掌权者手中，不如说是掌握在母亲手中。"由此可见，母亲的意义之伟大，母亲教育之伟大。 为什么这么说呢？ 因为母亲的素质决定着人类和民族的未来。 几乎所有人所受到的早期教育都来自母亲，母亲教育是"根"的教育，是"源"的教育；其他的教育则是"苗"的教育，是"流"的教育。

人类的历史和当代教育科学证实，母亲在孩子教育中的特殊地位，是其他人（包括父亲在内）难以替代的，尤其是早期教育。 因为母亲与子女的关系是基于血缘关系形成的特殊关系。母亲是孩子出生后的第一个知觉对象、第一个模仿原型、第一个情感传递者、第一任老师，母亲的言行对孩子有着特别重要的影响。

现代教育也发现，一个人在孩童时期能否接受良好的家庭教育将直接决定他长大后能否成就自己，几乎所有的教育家对这一点都深表认同。　我们都知道，几乎所有的小孩在上学之前的这段时间，几乎都是跟妈妈形影不离地生活在一起的。　这个阶段正好是孩子智商、情商、性格和心理等各方面发展的关键时刻。　因此，有教育专家就提出了这样的观点：好妈妈胜过好老师。

　　那么，妈妈应该怎样承担起自己的责任呢？我们认为，孩子的妈妈不仅是简单地扮演一个呵护孩子的"保护者"的角色，同时还要扮演一个教孩子认识世界，激发孩子身体和脑力健全发展，帮助孩子健康成长的"老师"的角色。　作为孩子的母亲，如果能充分认识到自己这个除去"母亲"之外特殊的"老师"的角色，那么毫无疑问，你的孩子将是幸运的；在你的引导和教育之下，孩子一定能获得一个良好的启蒙教育。

　　当然，随着社会的发展和妈妈们自身素质的提高，很多妈妈对于孩子早期的启蒙教育已经非常注意，意识到自己作为孩子第一任老师的"重任"，意识到自己作为妈妈对孩子的影响是巨大的——直接决定着孩子将来的发展。　然而遗憾的是，有些妈妈不知道如何去扮演自己孩子人生中第一任老师这个"角色"，不知道如何去影响孩子，不知道该给孩子什么样的启蒙教育。　确实，正如她们所言，孩子还小，心智、心理、理解能力、语言表达等还只是处于初期发展阶段，和他们沟通起来非常困难，谈何培养呢？　这样的烦恼确实难倒了不少新手妈妈。

　　本书集众多专家意见、成功母亲的经验与失败母亲的教训于一体，以提出案例、分析案例、提供解决方案的形式，用通俗易懂的语言，深入浅出地介绍了好妈妈在孩子的情感、沟通、人格、自立、学习、成长等方面，如何建立亲子关系，如何有效地与孩子沟通，如何培养孩子的积极心态与优秀品质，如何解决孩子身上的小毛病，如何让孩子具备自立能力，如何帮孩子提高学习成绩，如何与孩子一起面对青春期的烦恼……为妈妈们提供了一整套有效的教子方案。

拥有这本书，你也能成为一名教子成功的好妈妈！

编者

2019 年 10 月

目　录

扫码点目录听本书

情感篇

好妈妈懂得如何爱孩子

扫码点目录听本书

母亲由于母爱的天性，与孩子有一种天然的亲切感，所以在家庭中，一般来说孩子都是主要由母亲来教育抚养，孩子与母亲的关系也更亲近。　不论是为孩子营造环境，还是对其言传身教，母亲对孩子的教育都意义重大。　我们有理由相信，在教育中，只要母亲源源不断地给予孩子爱的力量，不抛弃孩子，孩子是绝对不会自我抛弃的。　因此，在很多情况下，母亲就是一位伯乐，一位善于观察、发现孩子身上闪光点的伯乐！妈妈的爱就是孩子人生征途上永远的希望。

第一章

用爱浇灌，妈妈的爱决定孩子的一生

妈妈的爱，对孩子一生的成长都非常重要。孩子如果从小没能体验到母爱，不仅会对妈妈失去信任与依赖，导致与妈妈的关系僵化，还会缺少自信和安全感，产生自卑心理，形成孤僻的性格，而这些会伴随着孩子的成长，渗透到孩子的做人处事中，直接影响孩子的人生与前途。妈妈爱孩子，要通过有效的途径表达出来，让孩子能够体验和感受到，这样，母爱的价值才能体现出来。

爱是做好妈妈的首要条件

【情景再现】

贾欣生了个漂亮的千金，可是她并不快乐。因为她根本就不想要这个孩子，觉得自己还年轻，应该多享受几年自由舒心的日子，可是抵不住父母的唠叨、丈夫的恳求、朋友的劝说以及其他各方面的压力，才心不甘情不愿地做了母亲。

不过贾欣是个负责的人，不会把这说不清道不明的怨气发泄在孩子身上。对女儿，她倒是照顾得很好，对女儿衣食住行的打点几乎可以成为大家参考的范本。

可是在这样一个"模范妈妈"的养育下，贾欣的女儿却没有像其他同龄孩子一样活泼可爱。虽然她文静乖巧，但总带着一丝怯生生的味道，说话做事显得不够自信，眼睛里时不时闪过惊惶、害怕的神色。

这天，贾欣送女儿去上学，这是寒假过后开学的第一天，学校热闹得像集市，家长们纷纷叮嘱孩子注意这个注意那个，俄了记得吃零食，渴了记得去小卖部买饮料，上课要专心，下课要和同学好好玩……

这种情况下，贾欣和女儿的对话显得尤其简短。

"没什么事了？"

"没有了。"

"那我走了。"

"妈妈再见。"

"对了，晚上我有事晚点回家，晚饭爸爸做。"

"知道了。"

贾欣转身走了。

班主任在旁边听见了，觉得诧异：孩子才一年级，要是换了别的母亲有事回家晚而不能按时做饭，肯定得叮嘱孩子几句，先吃饼干啊，或者放学路上买点儿什么吃啊，哪像这位妈妈那么干脆。

看看贾欣走远的背影，班主任似乎有点明白了，班里这个可爱的小姑娘为什么总是显得有点过分内向孤僻的原因。

【情景分析】

表面上看，贾欣是个不错的母亲，把女儿的生活打点得相当妥帖，但是她缺少一个成为好妈妈的首要条件，那就是对孩子的爱。

爱是孩子成长环境中必不可少的重要因素。然而完成任务、尽自己的责任、给别人交代、满足长辈的愿望……贾欣怀孕的所有理由中唯独没有一个：我希望有一个爱情的结晶。 她的情感从一开始就处于被动状态，由于没有足够的情感动机做支撑，所以尽管她尽职尽责地养育孩子，但事实上她并没有完成从女人到母亲的心理准备，所以她无法从生育和养育的过程中获得快乐，甚至在潜意识中还有排斥的情绪。

这种情绪从贾欣的一举一动中散发出来，从每一个细节传达给女儿。 小孩子远比我们想象的要敏感，心灵更加脆弱，母亲不爱自己这个事实会给她严重的不安全感，使其形成自闭、忧郁、自卑等负面性格。

因此，贾欣虽然因强烈的责任感为女儿提供了不错的物质条件，教育方面可能也是一丝不苟，但是因为女儿感受不到母亲的爱，整个成长环境是冷漠的，所以女儿只能用谨慎的言行来保护自己，以冷对冷。

尤其是当她发现自己与别的孩子待遇不同，别的母亲对孩子亲昵宠爱时，她就会产生怀疑：为什么妈妈不这么对我？ 妈妈是不喜欢我吗？ 是因为我不够好，做错了事，妈妈才讨厌我吗？ 她在潜意识中将自己的待遇归结为自己的原因，进而对自己不自信，影响性格的正常发育。

【好妈妈必读】

爱是亲子教育中不可缺少的，比起专家吹捧的各种教育方式，母亲的爱重要得多。 有了爱，其他一切可以逐渐改善；但是没有爱，再尽责的母亲、再完美的教育，都无法培育出出色的孩子。

孩子一出生就需要爱，甚至在妈妈的肚子里时就需要爱。 婴儿尤其需要父母温暖的怀抱以及爱的关注。 父母细心的养育及照顾，孩子能感受得到。 成长中的孩子仍需要父母的爱，通过爱和照料，他们将会了解父母的付出。

爱，对孩子而言，是绝对必要的，也是人类的基本需求，绝不会因成长而递减。 即使成人，也仍需要别人关爱，以及亲密和温暖的安抚。 每一个人都需要别人的接纳和友谊的滋润。

当我们温柔地对待孩子，伴随着爱的话语和照料，孩子将感受到自己被关怀。 孩子需要知道他们被爱，需要更多的拥抱、亲吻、温柔的轻拍，因为他们觉得这是别人对他们的"爱的保证"。 他们需要别人的抚慰，或许这是最根本、最普通的需求，就像父母对于新生儿的重要性一样。

孩子的成长离不开妈妈的陪伴

【情景再现】

刘女士是一个 7 岁男孩的妈妈，她儿子叫小强。最近刘女士很伤心，因为她生病住院的一个月里，儿子只来看过她两次，每次都待不到一个小时，就吵着要回去。他根本不关心妈妈生的是什么病，也不关心妈妈什么时候能够出院，他只惦记着家里那只叫旺旺的小狗是不是饿了，是不是该出去散步了，惦记着他养的那些鱼该吃东西了。

小强的爸爸来看妻子时，硬把小强从家里带到了医院，要他陪着妈妈。小强很不高兴，在病房里不跟妈妈说话，只是看着窗户外面。爸爸生气了，骂小强："你小子还有没有良心？你妈妈病了，你连问都懒得问一声。你对你亲生妈妈的关心还不如对你养的鱼。"小强呆呆地看着爸爸和妈妈。刘女士有些不忍心，劝丈夫算了，不要责怪孩子。爸爸接着说："你的那些玩具、零食、衣服，你用的电脑，都是你妈买的，你怎么就一点儿都不知道感激呢？"

小强这才瓮声瓮气地说："旺旺陪着我。看着小鱼游来游去，我很开心。妈妈能够像旺旺一样陪着我吗？你和妈妈总不在家。同学们都羡慕我有漂亮的衣服，有各种电子产品，有你们这样有钱的父母。可是我羡慕他们在每个周末都有妈妈来学校接，睡觉前有妈妈讲故事。而每个周末，只有旺旺在家门口等我，连照顾我的张阿姨都走了。"

听了儿子的话，爸爸愣住了，刘女士忍不住掉下眼泪，她总以为自己给予了孩子最大的关爱，小强应该是幸福的，因为他比很多同龄人拥有更优越的生活条件，却没想到小强更需要的只是妈妈的陪伴。

【情景分析】

小强对妈妈这么"冷漠""无情"，是因为对她太陌生。作为妈妈，尤其是工作压力大、社交圈子广的职业女性，因为工作、与朋友聚会、应酬、充电学习等原因，无法抽出更多时间陪伴孩子。孩子希望得到母亲关注、陪伴的愿望没有得到满足，就会缺乏安全感，时常产生孤独、无助、自卑的感觉，这种情况甚至会影响孩子成年后的生活。

有的妈妈给孩子丰富的物质条件，以此来表示对孩子的爱。但妈妈们应该明白，再多的钱，都不能代替对孩子的陪伴，代替不了与孩子在一起时让孩子体验到的爱。

小慧的父母都是生意人，为了给女儿创造更好的生活条件，他们在外面拼命工作，天天早出晚归，因此小慧平常很难见到父母。

小慧虽然花钱不愁，但只要她看见别人一家人在一起其乐融融的情景时，就会对父母心生怨恨，认为父母只认识钱，不在乎自己、不爱自己。这样，小慧与父母的关系一直都很紧张。

小慧的妈妈注意到了女儿的不满情绪，于是抽空与女儿聊天，了解到女儿渴望父母的陪伴，希望父母能经常与她说说话、看看电视、一起出去玩，于是决定，每天无论有多忙，都要抽出一定的时间来陪伴孩子。

妈妈说到做到，她和爸爸约定每天轮流抽出一段时间来陪伴孩子。小慧在父母的陪伴下，感受到了他们对自己的爱，变得快乐了许多。

【好妈妈必读】

妈妈无论多忙，都应该抽出一些时间来陪伴孩子，用关爱拉近与孩子之间的距离，陪伴着孩子健康、快乐地成长。想成为一个称职的好妈妈，就应该做到以下几点：

（1）时刻关注

时刻关注就是给予孩子全心的关注。这种关注向孩子传达的信息是：孩子自身很重要，妈妈喜欢与你在一起。这会使孩子觉得他对妈妈来说是世界上最重要的人。

（2）行动支持

妈妈对孩子的行动支持，不仅是对孩子表达爱的一种方式，还是给孩子以身作则的人生示范。妈妈为孩子所做的服务行动，最终目的在于帮助他们成为成熟的人，并学会借由服务的行动去爱别人。而服务不单包括帮助自己爱的人，也要服务那些根本无法回报或偿还这些关爱的人。

（3）身体接触

身体接触是最易于使用的爱的语言：常被拥抱与亲吻的孩子，比那些被长期甩在一边且无人接触的孩子容易发展出健全的情感生活。

（4）赠送礼物

赠送礼物是表达爱的有力方式。有意义的礼物会变成爱的象征，而那些真正传达爱的礼物，则是爱之语的一部分。赠送孩子的所有礼物，最终都会成为父母对孩子爱的见证。

让孩子感受到你的爱

【情景再现】

韩女士的儿子是个黏人的小鬼，小时候就喜欢黏在韩女士身上，上学了还是常常靠在韩女士身边撒娇。韩女士很享受这种和儿子亲密无间的感觉，直到有一天，到家里玩的朋友惊讶地笑起来："哎，这么大个人了还黏在妈妈身上，男子汉大丈夫，羞不羞？"

韩女士一想也是，儿子都 10 岁了还那么黏人，也许的确是自己太过娇惯，这么下去说不定会养出个"娘娘腔"来。

于是，每次儿子想要抱抱韩女士的时候，韩女士都会闪开，告诫他说："男子汉大丈夫，站直了，别总靠在别人身上。"

直到那天送儿子去为期一个月的军训时，看着儿子小小的个子背着大大的背包渐渐走远，韩女士突然心头一酸，忍不住跑上前去抱住儿子，狠狠地把他搂在胸前好一阵才松开。

"妈妈，你是大人，这么做好羞哦。"儿子刚说完又放低了声音说，"妈妈，我好舍不得你。"

韩女士开始回忆儿子是什么时候想要抱自己：考试成绩不好，哭的时候；拿了第一名，开心的时候；收到礼物，表达谢意的时候；舍不得离开，撒娇的时候。

韩女士发现，拥抱这个简简单单的动作可以容纳如此丰富的感情，在特定的场合似乎难以找到可以完全替代它的方式。真情流露并不是一句"娘娘腔""黏人"可以概括的，自己为什么非要制止孩子这种爱意的表达呢？

她想，儿子军训回来的时候，她还要拥抱他。

【情景分析】

现在有些妈妈很少拥抱孩子，其实，这个举动是表达爱的最好方式，足以包含所有爱的内容。

拥抱虽然只是一个小小的举动，却体现了妈妈对孩子深沉的爱，同时，也能化解与孩子间的很多误会与矛盾。它不仅是妈妈对孩子爱的表达，同样也是孩子对妈妈爱的表达。

在人类的各种动作中，拥抱是一种非常独特的行为。根据美国心理学家赫洛德·弗斯博士研究发现，经常拥抱的人比起同龄人会更加年轻有活力，经常彼此拥抱的家庭关系更为亲密，而经常和父母拥抱的孩子心理素质更好，生活态度更为积极，能够承受较大的压力。

对父母来说，拥抱则是通过肢体传达感情给孩子的最直接方式，一个简单的动作能在众多不同环境下给予孩子安慰和动力。中国传统文化一向以含蓄为美，父母与子女之间的拥抱没有得到足够的提倡，反而会受到一些阻碍。但是，像上文中的韩女士一样，在了解到拥抱的作用后，你还愿意放弃拥抱你的孩子吗？

【好妈妈必读】

有些父母需要学习如何表达对孩子的爱意。一位妈妈描述她小时候和爸爸妈妈都保持一定的距离，爸爸妈妈爱她，却从未表示过对她的爱意。现在她当了妈妈，仍沿用以前的方法。她很爱她两岁的女儿，却无法很开放地表达爱意。

这位妈妈为了表达对女儿的爱，于是决定打破惯例，学习如何表达自己的感情。她比以前更常抱女儿，靠在女儿身边讲故事给她听，或抱她荡秋千。她发现，每天有无数次机会可以表达爱意，而女儿从没拒绝过。经过几个星期的练习，她兴奋地对公司的同事们说："你们知道吗？刚开始我是为了女儿才这么做，现在我觉得这对我也很重要。"

家人之间关怀的表达可以营造出一种每个人都很重要的气氛，而使孩子深深感受到安全感。然后，你需要以拥抱和亲吻来贯穿这些气氛，使孩子感受到自己是个可爱而独特的个体。孩子最爱父母轻轻抚拍他们，不管膝盖擦破皮，或心理受了伤，在爸爸妈妈怀抱中的孩子，很容易舒服地安静下来。一个拥抱或温柔的轻拍，有时候可以帮助孩子抚平伤痕。

（1）孩子起床时，拥抱会使他迅速调整好心理状态，迎接新的一天。

（2）孩子入睡时，拥抱会让他在潜意识中感到安全感，使他尽快入睡。

（3）孩子成功时，拥抱可以让他感受到你心中的喜悦和骄傲。

（4）孩子受挫时，拥抱表示对他的接纳，减轻他的内疚和被责怪的恐惧。

（5）孩子哭泣时，拥抱会使他的压力迅速消解，情绪逐渐镇定下来。

（6）孩子情绪低落时，一个拥抱传达了你对他无尽的支持。

积极参与孩子所热衷的活动

【情景再现】

刘女士从未忘记参加有孩子参与的每一项活动：市篮球联赛、运动会、学生音乐会、话剧表演——即使儿子只是演一棵树。刘女士是一名财务人员，对运动一窍不通，对音乐也不大感兴趣，但她还是努力抽出时间去为儿子加油。因为她说，希望自己在孩子成长过程中尽量陪着他。最近一段时间，儿子迷上了制作遥控飞行器，为此，他甚至办了寄宿，专心地在学校里研究试验。每天，他都会给刘女士打电话，报告自己的新进展：他的飞行器反应更灵活了、飞得更远了……一天，儿子打来电话："妈妈，明天下午就开始比赛了，来替我加油吧！"刘女士兴高采烈地回答："太棒了！我明天一定准时去。"第二天，刘女士请了一天假，上午跑到书店里找了很多关于遥控飞行器方面的书，又给儿子买了一组飞机模型，下午准时赶到学校。遗憾的是，儿子那天并没有取得好名次，面对专程赶来的妈妈，孩子有点儿惭愧。刘女士拿出自己准备好的礼物——书和模型送给了儿子，然后用玩笑式的威胁口吻说："小伙子，看到了吗？这么贵的书和礼物都买了，你要是敢因为一次小小的失败就放弃，那我绝对饶不了你。"儿子大笑着接过礼物："什么放弃呀，等着吧，下次第一名就是我。"这时，他已经完全振作起来了。

【情景分析】

孩子们通常有自己的社会活动，如学校组织的风筝大赛、校际篮球比赛、乒乓球赛，等等。一些父母可能会认为，这只是小孩子的游戏，关我什么事儿呀。其实这种想法是完全错误的。教育学家建议父母们，要像上文中的刘女士一样，积极参与孩子的这类活动，因为你的参与就是对他们的肯定。

腾出时间陪孩子一起做孩子所热衷的事情，是无比重要的。如果你希望孩子养成持之以恒的品质，掌握其他与工作、生活相关的技能，你就要在参与孩子活动的过程中，用你自己的兴趣、可依赖性及独特的指导，为孩子树立自信心，陪伴孩子健康地成长。

一旦参与了孩子的活动，就要陪孩子一起坚持下去，即使孩子兴趣转移或者某些方面令人灰心丧气，也要鼓励孩子坚持下去。

【好妈妈必读】

陪伴孩子的过程就是教育孩子的过程，因此父母要抓住每一次参与孩子活动的机会，教会孩子多种技能和本领，当然还有合作和坚持的精神。

首先，参与孩子的一次活动，做一件你和孩子都想去做的事情或一件需要你们共同努力的工作，都是一个有意义的家庭合作计划。家庭计划可以是多方面的，如开展家庭读书读报活动、学习写作计划、为报刊撰稿、参观博物馆或定期进行乡土旅游与异地旅游、开展家庭小收藏活动、建一座游戏室或室外储藏间等。

其次，在参与孩子的活动过程中，父母可以教育孩子如何将某一任务分成几个小任务，循序渐进地完成它，接受指导以及正确衡量、制订并执行资金预算，从而开发孩子的想象力，培养孩子的合作精神，促进各种感官的协调配合等。

妈妈要读懂孩子的心

【情景再现】

伟伟是一个活泼可爱的小男孩，今年6岁了。对这个家里唯一的孩子，父母视其为掌上明珠。由于家里比较富裕，伟伟要什么，父母就给买什么，想去哪儿玩，就带他去哪儿。他的父母认为这样就可以让儿子过得快乐些。但是，伟伟仍然有很多不满意的地方，经常冲着父母发脾气。

伟伟的父母不知道伟伟到底是怎么了，什么都不缺，儿子还是这么不快乐。

有一天，伟伟突然吵着要去学钢琴，伟伟的妈妈一听，马上去为儿子买了一架钢琴，并且还专门为他请了一位家庭教师。可没想到的是，伟伟只有三分钟的热度，学了两天就说学够了。后来，伟伟又要学画画，要报幼儿园的美术学习班。伟伟的妈妈很支持，儿子既然有这方面的兴趣，当然要正规地学！为此，特意高价请来美术学院的资深老师单独授课。可是，像学钢琴一样，只学了三天，伟伟又不学了。对于伟伟的这种情况，他的父母很恼火，于是就责备了他两句，没想到，他就又吵又闹地哭个没完。

伟伟的父母由此而得出这样一个结论：这个孩子没什么长性，不管学什么都不会成功。

后来，伟伟父母的一位朋友来做客，问伟伟为什么想学钢琴和绘画，但学了两天却又不学了，伟伟这才说出了原因：钢琴班和绘画班里有许多小朋友，我想，有那么多的小朋友在一起玩，肯定会很开心的。

孩子的心声让人感到心酸。在他的父母和其他人看来，他似乎得到了一切想要的东西；可是，他并不快乐。

【情景分析】

孩子需要父母的关爱，这种爱不仅仅是给孩子丰富的物质生活，还要求父母进入孩子的内心世界去了解他们，让孩子接受父母。而父母要想被孩子接受，就要选择合适的位置，倾听孩子的心声，了解他们的内心世界。伟伟的父母就是不了解孩子，没有读懂孩子的心，也不知道孩子真正需要什么，虽然他们给伟伟提供了最好的物质条件，但伟伟仍然不快乐。

著名教育家陶行知说过："我们必须要变成小孩子，才配做小孩子的先生。"他还说："你不可轻视小孩子的情感，他给你一块糖吃，是有汽车大王捐助一万万元的慷慨；他做了一个纸鸢飞不上去，是有齐柏林飞船造不成功一样的踌躇；他失手打破了一个泥娃娃，是有一个寡妇死了独生子那么悲哀；他没有打着他所讨厌的人，便好像是罗斯福讨不着机会带兵去打德国一般的怄气；他想你抱他一会儿，而你偏去抱了别的孩子，好比是一个爱人被人夺了去一般的伤心。"在此，陶行知所提倡的，即是父母要走进孩子的内心世界，读懂孩子的心。

【好妈妈必读】

父母应该如何走进孩子的内心世界，读懂孩子的心呢？

第一，交流思想。亲子间加强思想上的交流，不仅可以让父母了解孩子的真实想法与真正动机，也可使孩子体谅父母的疾苦，从而逐步学会为父母分忧解难，学会承担一部分家庭责任。

第二，学会观察。 俗话说：眼睛是心灵的窗户，言为心声。孩子的语态、动作或多或少都可以反映孩子一定的思想；同时，孩子的课本、作业本、听课笔记本上的涂涂画画也是他们心灵的独白，父母可以从中了解不少信息。 更重要的是，父母应该有意识地观察孩子经常交往的朋友。

第三，不摆架子。 成功的父母往往是因为他们懂得理解孩子内心的真实需要，他们懂得如何尊重孩子，懂得倾听孩子说话的重要意义。 父母对孩子说话时应该有正向的目的，如提供知识信息、解决疑难、分享情感、表达自己的意见等。 对话时，一定要注意语气与态度，尽可能经常微笑，以欢愉平和的声音，显示出友善可亲的态度，以达到沟通的效果。 父母如果能表现友善，不以强者的权威压制孩子，往往会得到孩子相对的友善。

当前，很多父母发出感叹：孩子越大，却越不懂孩子了。 这也难怪，孩子小的时候，父母处处以一个长者的身份教导着孩子的一言一行，并不曾真正体会孩子的感受。 当孩子渐渐长大，父母和孩子只能是越走越远，因而难以把正确的思想和经验传递给孩子，导致教育的失败。 但如果父母从一开始就能做到和孩子一起成长，那么，父母会发现，在孩子慢慢读懂这个世界的同时，自己也慢慢读懂了孩子这部书，走进了孩子的心灵世界。

◆ 妈妈的陪伴对孩子很重要 ◆

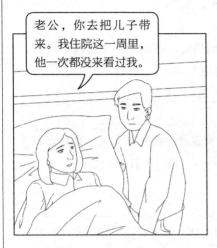

老公，你去把儿子带来。我住院这一周里，他一次都没来看过我。

你不想去也得去！

我不想去医院！

你的玩具、宠物、衣服都是妈妈买的，妈妈生病了你连看都不看，你还有没有良心？

可是我的玩具、宠物永远都陪着我，妈妈却总也不在家。我也很羡慕别人的妈妈一直都陪在孩子身边呀。

孩子对妈妈的漠不关心源于他对妈妈感到陌生。优越的物质条件也代替不了母亲对孩子的陪伴，所以妈妈要尽量多陪伴在孩子身旁，不错过孩子成长的过程。

高情商家教思维

1.孩子如果从小就没能体验到母爱,可能会产生哪些不良影响? (如缺乏自信与安全感、性格孤僻等)

———————————————————————————

———————————————————————————

2.想一想,妈妈对孩子的爱主要表现在哪些方面? (如打点衣食住行、关心学习情况等)再反思一下,自己是否做到位了?

———————————————————————————

———————————————————————————

3.如果孩子对你说出"我不想要那么多零花钱,我想要你多在家陪陪我。"你该如何回应孩子?

———————————————————————————

———————————————————————————

4.行动支持与赠送礼物都是妈妈疼爱孩子的方式,参考你和孩子的相处模式,你更倾向于哪一种? 为什么?

———————————————————————————

———————————————————————————

5.你是否觉得自己不擅长表达对孩子的爱? 如果是的话,该如何改进呢?

———————————————————————————

———————————————————————————

6.家长可以开展哪些计划来增强与孩子间的联结? (如带孩子郊游、举办家庭读书日等)

———————————————————————————

———————————————————————————

第二章

学会尊重，好妈妈要和孩子做朋友

一位儿童心理研究专家曾说："没有爱就没有教育，没有尊重就谈不到爱。"尊重孩子是爱孩子的一种具体表现，也是爱孩子的真正内涵。离开了尊重的爱，是一种不全面的爱，甚至可以说是一种畸形的爱，它会影响孩子正常"心智"的发展。

体会孩子的自尊心

【情景再现】

课堂上，一个学习成绩很差的学生举起手，要求回答老师提出的问题。可是当老师要他回答时，他却答不上来。老师感到非常奇怪，后来问他为什么不会也举手时，这个学生哭着说："老师，别人都会，如果我不举手，别人会笑话我。"此话一出，老师感到了学生那颗强烈的自尊心。于是，他私下里告诉这个学生，下次提问时，如果会就举左手，不会时就举右手。

以后上课时，老师每看到他举起左手，就尽量给他机会让他回答，而看到他举右手时就不让他站起来了。一段时间后，这个学生变得开朗了许多，学习成绩也有了很大的进步。于是，老师悄悄地把这个方法应用到班里其他几个学习不好的学生身上。结果，他发现整个班都发生了很大变化。

【情景分析】

这个故事非常明白地告诉我们，教育的前提是尊重。 马卡连柯说过："要尽量多地要求一个人，也要尽量可能地尊重一个人。"

孩子年龄虽小，但也是一个有感情、有灵性的人，有着同成年人一样的情感世界，懂得快乐与痛苦、羞愧与恐惧，有自尊心和荣誉感。 妈妈对孩子们应多一点耐心，少一点急躁；多一些宽容，少一些指责。 尊重是教育成功的秘诀，是教育的"切入口"，不懂得尊重孩子，任何教育都无从谈起。

孩子毕竟也是一个独立的生命，不是可以任由我们大人摆布的"玩意儿"。 要尊重孩子，就要像尊重成人一样对待孩子，但现实存在的问题是：该把孩子当孩子时，我们没有把他当孩子；不该把孩子当孩子时，我们却把他当成了孩子。

比如，孩子正玩得高兴，大人常喜欢走过去拖起他来逗一逗，或者在他脸上亲几口，总之是表达喜欢和爱意。 然而得到的反应可能是被孩子推开，甚至大喊："你走！ 我不要你进来！"

这是尊重吗？ 就算是，也只是停留在表面上的尊重而已。 事实上，我们随时随地打断孩子，随时随地把他当个小玩意儿一样吆来喝去，做什么事都是只根据我们大人自己的主观好恶，而没有去考虑孩子的需要和感受。 有时甚至认为这么做是在为他好，是在爱他，可孩子为什么不领情呢?

尊重孩子，就要平等地对待孩子。 孩子一来到这个世界上就具有了独立的人格和尊严。 然而，许多家长却视孩子为自己的私有财产，想要孩子做什么就一定要孩子按照自己的意图去做，不是把孩子当成家庭中在人格上平等的一员，而是作为消极的、被动的"管束对象"；不是尊重、支持他们有益的、健康的兴趣和爱好，而是将大人的兴趣和爱好强加在孩子头上，让孩子成为实现家长未能实现理想的"替罪羊"，把孩子当作自己沽名钓誉的工具。

另一类家长又对孩子"太尊重"，让孩子想做什么就做什么，想怎样就怎样，一家人屈尊地围着"小太阳"转。这种把孩子当成家庭的"中心"，大人围着孩子转的做法，其实是对尊重的误解，这实际上还是没有把孩子当作一个平等的人来对待，是对孩子的另一种不负责任。长此以往，孩子必有任性跋扈、目无尊长、狂妄自大等性格倾向。

还有一类家长在与孩子发生矛盾时，轻则责骂，重则抬手就打，这也是极其错误的。孩子是需要教育的，不经过长期科学的教育，孩子不能成人，更不能成才。但我们必须坚持在尊重孩子人格尊严的基础上教育孩子。教育只有在尊重人格、尊重个性的前提下进行，才可能培养出真正的"人"来。对孩子的尊重，会使孩子更加自尊；有了自尊，才可能自强。现实中，那些破罐子破摔的孩子，就是因为失去了自尊。为什么失去自尊？因为他们得不到应有的尊重。

别看只有几岁或十几岁的孩子，他们也都有着强烈的自尊，期望得到大人的认可。尊重是教育之母，妈妈如果不能满足孩子起码的得到尊重的要求，一切教育都将是零效果甚至是负效果。

【好妈妈必读】

孩子在成长过程中会有一种强烈的被尊重的需要——对于自尊和来自他人的尊重的需要或渴望。这一需要的满足与否对孩子积极自我的确立、和谐人格的发展具有重要意义。但是，由于所处心智阶段的限制，孩子内心中被尊重的渴望无法像生理需求那样，能简单明了地表达给成人，而是会通过一些具体的行为展示出来。因而，对于妈妈来说，透过孩子的行为表现而识别他的真实意图是很重要的。 孩子的尊重需求的表现形式可以归纳为这几类：

（1）要求得到成人的关注

孩子是在与外界环境的互动中发育成长的，成人的关注是他们的生理和安全需要得以满足的首要条件。 同时，孩子也通过成人的关注来确认自我的存在。 一岁之前，孩子借助哭闹、微笑等手段吸引成人的注意力。 学步以后则通过自我表现来达到目的。 大多数情况下，孩子会用积极的办法引起成人的关注，如主动招呼父母来看自己搭的积木、画的画、做的某个动作，要求父母帮自己数跳绳、拍球的次数等。 他们迫切地希望父母看到自己的成绩，从成人的关注中获得自信和自尊。

有时，孩子也会用一些消极的办法引起注意，如把整洁的房间搞得乱七八糟，把某件物品打烂，在有客人来访时大吵大闹生出事端。 甚至，孩子会借助一种更为隐蔽的方式表达自己的需要，如反复强调自己的不舒服——"我被虫子咬了""我肚子好痛"等。 其实这些状况并非实情，只不过是孩子的又一种引起成人关注的信号，他们是想通过父母对他们的关心感觉到自己的重要性。

（2）表现出自主性行为

就整个学前期来讲，孩子接受成人的旨意，服从成人的安排，构成了他们生活的主要内容。 然而，孩子会在尊重需要的支持下表现出自主性行为——不依赖他人而自由地作出判断与主张。 比如，他们会要求自己选择穿哪一件衣服，自作主张看哪一部卡通片，玩哪一个玩具，无视父母的要求。 也许在成人看来，孩子这种行为的理由根本站不住脚，让人难以捉摸，但孩子却会尽力坚持自己的主张。 一旦如愿，他们便像打了胜仗的战士一样志得意满，而不会对成人的失望与无奈怀有一丝歉意。

（3）要求被赞扬和被认可

"孩子都爱听好话""哄小孩"等日常言语从经验层次反映出孩子的一种普遍倾向，即喜欢被成人赞扬和认可，由于这种需要倾向，孩子除了要求父母对他们的各种"杰作""成绩"给予关注以外，还迫切希望得到成人的夸奖和表扬。一句"你真能干"，往往让他们喜滋滋的神情持续很久，并激励他们充满信心地去做其他事情。反之，如果孩子从父母那里得来的信息是自己做得很不好，则会使他们兴趣索然而不愿、不敢去做其他事。之所以如此，是因为父母的认可与赞扬直接作用于孩子的尊重需要，这种正向的鼓励与肯定可以激发孩子的积极情绪，增强孩子的自信心，满足孩子的尊重需要；负向的批评与否定则容易导致孩子消极情绪和情感的产生，以及尊重需要的缺乏。

（4）要求负一定的责任

要求负一定的责任是孩子自主性行为进一步发展的产物。一个常见的现象是，到了一定年龄，孩子不再顺从于成人的包办代替，而是要求"我自己来"。于是，从自己吃饭、穿衣、洗澡到成人的做饭、擦地这些事，孩子都想"插一手"。这时候，他们跑来跑去、忙个不停，即使被父母称为"帮倒忙"也乐此不疲，除非遭到强令禁止、训斥，被赶到一旁，否则不肯罢手。限于发育的水平和已获得的社会经验，孩子能完成的"负责行为"毕竟很有限，但他们却从这有限的行为中看到了自己的力量，自己对这个世界的操纵和控制，由此而得到成就感、自尊感的体验。

（5）要求有自己的空间

孩子行为控制能力虽然很弱，但他们仍渴望拥有一块领地，这块领地既是空间上的，也是心理上的。在那里，他们可以随意摆放自己的物品、玩具，给玩具分配角色、安排任务，可以讲述自己的故事，倾泻情感，保存自己的小秘密。在父母眼里，也许这块领地里的一切，连同小孩子的心计均可以一目了然，但绝不可以轻易点破。因为，一旦让孩子发觉自己的秘密全在父母的掌握与控制之中，他们的尊重需要就会遭受挫折，以致滋生出自卑、弱小、无能之感，甚至会丧失基本的自尊与自信。

尊重孩子的意愿和想法

【情景再现】

童童在别人眼里是一位成功教育的典范。她16岁顺利进入了英国牛津大学，并且获得了全额的奖学金。她的成长经历曾经被撰写成书，畅销全国。

无疑，童童父母的教育可以说是成功的。今天的童童开朗、独立、坚强，能应对各种挑战。在教育童童的过程当中，她父母也花费了不少的心思。

童童的妈妈介绍：在童童四五岁的时候，她就发现当时很多同龄的父母对孩子都管得太多，太溺爱。吃饭、睡觉、玩耍，全程陪同，看到孩子做什么，都接过手来帮她做，看到孩子被什么问题难住了，就替他想。童童的妈妈觉得这样的教育方式并不好，不利于孩子的成长。

所以，童童的父母采用了一种完全不同的教育方式：什么事情都要问童童的意见，让童童自己拿主意。

比如，去餐厅吃饭，很多父母都会跟孩子说，这个吃多了不好，那个吃多了不行，替孩子拿主意。但是童童的妈妈总是问童童："你要吃什么，自己点。"童童就会对服务员说自己要吃什么。结果不论什么菜，难吃或者好吃，父母都会按照她自己的要求让她点菜。童童的妈妈说："这样训练的次数多了，她就知道自己该怎么选择了。"

关于童童平时如何安排自己的时间，父母也从来不干涉。有一个周末，有个叔叔请童童的父母去吃饭。父母就问童童，要不要一起去。童童想起来答应一个小朋友到她家里去做功课，于是就说自己不去了。童童的父母就留给她20元钱，让她自己去买晚餐吃。

童童和其他的孩子一样，在成长中会遇到很多问题，如小朋友跟她闹不合、老师布置的作业完不成等，但是童童的父母不太干涉童童的这些事情，都是让童童自己去思考解决。有一次，童童的学校举办关于电影的观后感比赛。童童的妈妈认识电影界的一些人，本来可以让童童去请教他们。但是妈妈没有说什么，只是看着童童自己做，到图书馆查资料，到网站上搜集相关的信息。童童的妈妈看着自己女儿的认真劲儿，对她充满了信心。最后，报告终于做成，还加入了很多相关的图片。由于报告做得很成功，童童得了全校的一等奖。童童高兴坏了，并对自己越来越有信心。

从此之后，童童的任何问题，都是自己去解决，自己去思考。遇到事关重大的问题时，她会向父母征求意见，父母会发表自己的看法，给她相应的意见和引导，但是最后的决定还是她自己作出。

比如，童童还在读高中时，看到关于牛津大学的入学申请资料，想申请报名。报名费很贵，而且录取率很低，有一定风险。童童征求父母的意见，父母将其中的利弊为童童作了彻底的分析之后告诉她："你自己作决定。无论你作出的决定是什么，爸爸妈妈都支持。"于是，童童自己上网申请了入学，又投递了自己的简历和相关资料。结果，通过层层选拔，最终真的被录取了。

童童说："能够走到现在，都是我自己选择的结果。同时，我很感谢我的父母，能够让我有充分的自由去思考，去决定。"

【情景分析】

法国思想家卢梭说："为了使一个孩子能够成为明智的人，就必须培养他有自己的看法，而不能要他采取我们的看法。"孩子懂事以后，便开始思考这个世界，思考他所遇到的每一件事，并逐渐产生自己的想法和观点。孩子的世界与父母确实不同，但在孩子成长的过程中却一直在向父母靠近。他们对父母世界里的事情发表意见和想法，说明他们有了独立的思考意识，这是非常可贵的。

这时，父母应该像童童的父母一样，赏识和尊重孩子的想法，理解孩子的心情，倾听孩子的诉说，在孩子想要发表自己的想法和观点时，给予积极的赏识和尊重。赏识和尊重孩子的想法，不仅可以进一步锻炼孩子的思考意识和表达能力，而且可以通过倾听孩子的观点，发现和了解孩子的真实想法，从而纠正孩子成长过程中的一些错误思想。

父母千万不要忽略和压制孩子的想法，即使他们说得不对，即使他们的想法幼稚可笑，也不能嘲笑和打断他们；不要总是以父母的思维来要求孩子，而应该让孩子说下去，允许孩子把自己的观点表达出来。

【好妈妈必读】

许多父母也想尊重孩子的意愿和想法，但往往不知道怎样做才能达到更好的效果。 那么，你不妨按照下面的方法来做做看。

（1）给孩子选择的机会

尊重孩子的每一个意愿和想法，给孩子一个自主决定的机会。尊重孩子的权利，就是要征得孩子的同意，让孩子有选择的机会并且在尊重孩子的基础上给予引导，这也是民主家庭中父母应为孩子负起的一种责任。

（2）尊重孩子的选择

父母在作决定之前，不妨先听听孩子的意愿和想法，尊重他的选择。 现在的父母都希望自己的孩子多才多艺，成为一个优秀的人才。 那么，如果让孩子学，一定要仔细观察，再选择一种比较适合孩子性情及兴趣的才艺。 千万不要让他一下子接触太多，或强迫他学习没有兴趣的内容，破坏了他以后学习的信心和欲望。

让孩子感受到你的信任

【情景再现】

陈敏将10岁的儿子视为掌上明珠，从来不肯让他独自出门，怕孩子过马路被车碰着、遇到突发事件不会处理等。之所以这样，是陈敏对孩子处理这些事情的能力缺乏信任，确切地说，是对孩子本身缺少信任。

有一次，孩子想自己上书店看书，陈敏没有答应，孩子非常正式地跟她说："妈妈，给我一次机会，相信我吧，我肯定没有问题。"面对孩子近似乞求的语气，陈敏决定尝试一下。

两个小时后，孩子高高兴兴地从书店回来了，一种自豪的表情挂在脸上。从这以后，孩子能自己处理的问题，陈敏就放手让他去做。有时还把一些重要的事情交给孩子办，结果都还不错。孩子也感觉到了陈敏对他的信任，变得懂事多了。

【情景分析】

这个例子说明，其实孩子从懂事开始，便有了自己的思想。他们跟成人一样，渴望被理解、被尊重、被信任。可是，很多父母往往忽略了这一点，从而造成孩子诸多问题的产生。

在家庭教育中，父母的信任可使孩子感到他们与大人处于平等的地位，从而对父母更加尊重、敬爱，更加亲近、服从，心里话也更乐于向父母倾吐。这既增进了父母对孩子内心世界的了解，又使父母教育孩子更能有的放矢，从而获得更好的效果。相反，若父母对孩子持不信任的态度，则无法了解孩子的愿望和要求，孩子的自尊心和自信心必然会因此而受到伤害，他们对父母的信赖势必会减弱。这样，家庭教育的效果也会相应减弱。

其实，对一个孩子的信任，就像相信一粒种子一样，只要给它水分，一定会长成一棵大树，一定会开出花朵，结出果子。一位家庭教育专家曾指出，让孩子顺利成长的奥秘在于坚信孩子"行"。每个孩子心灵深处最强烈的需求，就是渴望受到赏识和肯定。父母要自始至终给孩子以前进的信心和力量，哪怕是一次不经意的表扬，一个小小的鼓励，都可能让孩子激动好长时间，甚至会改变整个精神面貌。

让孩子感受到你的信任，能够激发孩子内心的动力，让孩子体会到成功的快乐。他们会在父母充满信任的目光中，变得自信起来，从而以更加昂扬的姿态面对自己的人生。

【好妈妈必读】

父母不能只是在嘴上对孩子表现出信任，还要表现在行动上，尤其是那些学习成绩不理想的孩子父母要特别注意这个问题。因为任何孩子都希望自己是最棒的，有些孩子成绩上不去，屡遭挫折，心里很压抑，心情十分烦躁，他们多么希望父母能说几句鼓励的话，以减轻心里的负担。如果父母不理解孩子此时的心情，偏要在孩子身边一遍遍唠叨此事，即使父母的用意是好的，但招来的却是孩子对父母的反感，而且会因此伤害孩子的自尊心，导致孩子自卑、怯懦、缺乏进取的勇气，甚至厌学。相反，如果父母对孩子有足够的信任，即便孩子遇到了困难，他们也能够充满自信，积极发挥主观能动性，有效地进行自我调整，把困难转化为促进自己努力进取的动力。这不仅有利于激发孩子的学习兴趣，保持良好的学习情绪和心理环境，从而提高孩子的学习技能和学习成绩，同时也锻炼了孩子的自主性、创造性以及对自己和他人负责的能力。

那么，父母如何才能做到信任自己的孩子呢？

（1）为孩子提供施展才能的机会

在日常生活中，对孩子的一切，父母切忌热心包办和冷淡蔑视。凡是孩子能做的事，只要是有益的，父母都要支持他们去做。孩子缺乏经验，有时失败了，或者有什么失误，这是正常现象。当孩子遇到挫折和失败时，父母应多安慰和鼓励，帮助他们找出原因，使他们的自信心得到父母的保护。

（2）正确对待孩子所犯的错误

当孩子犯了错误时，不要用偏激的言辞去斥责，而要循循善诱，晓之以理，和孩子一起分析事件的来龙去脉，指出孩子犯错误的原因以及造成的危害，然后，帮助孩子改正错误。一生中都不犯错误的人是没有的，特别是人生观和道德观正在形成中的孩子，犯错误的可能性更大。父母要充分理解他们，信任他们，引导他们正确对待错误。

（3）培养孩子的自信心

有位哲人说："自信心是每个人事业成功的支点，一个人若没有自信心，就不可能大有作为。有了自信心，就能把阻力化为动力，战胜各种困难，敢于夺取胜利。"因此，父母要注重培养孩子的自信心，引导孩子尊重别人但不迷信别人，用科学的态度对待别人的成功与失败，正确看待自己的进步，有成功的自信心。

妈妈要和孩子做朋友

【情景再现】

雨琪是个内向的孩子，父母离婚后，她一直和妈妈在一起生活。最近，雨琪在学校里遇到了些麻烦事，班上一个男生喜欢她，还给她写了封情书。雨琪不知道怎么办，又不敢和妈妈讲，只好把所有的事情都写进了日记。

妈妈最近发现了雨琪的情绪变化，就有意识地增加了和女儿相处的时间，主动关心她的学习，询问她平时的交友情况。雨琪觉得妈妈和自己的距离一下子拉近了，就像是自己的朋友一样。于是，雨琪主动将男生给自己写信的事告诉了妈妈。妈妈教育她说："要尊重别人对自己的欣赏，但是现在你们是努力学习知识的时候，同学之间应该保持纯洁的友情。"雨琪在妈妈的开导下变得开朗多了。

【情景分析】

很多妈妈经常抱怨，说不知道孩子心里在想什么，有什么事情也不和妈妈说。其实，她们的错误在于，没有像雨琪的妈妈一样，和孩子做朋友。

常言道，父母是孩子的第一位老师。但今天应该说，让我们学着成为孩子人生路上的第一位朋友吧！在家庭中营造友爱、亲切、平等、欢乐的气氛，让孩子在轻松、温暖的环境中成长。

假如你有什么心事，无论是喜与忧，希望与人分享或分担的时候，第一个想到的，往往不是你的父母，而是最了解你的朋友。所以，当孩子一出生的时候，父母便要培养他成为你无所不谈的、最要好的朋友。

很多父母埋怨孩子不听话，要求孩子按父母的指令行动，否则孩子就要遭到训斥甚至打骂。孩子是活生生的人，他们有自己的兴趣、爱好与情绪，长期被父母的观点与意志左右着，心中就会隐藏逆反心理。

所以，父母要放下架子，学会做孩子的朋友，不让孩子产生父母高高在上的感觉，这样孩子会对父母更加尊敬，更加亲近，会主动和父母说说心事，家庭教育也会取得好的效果。

一位教育学家说过，做孩子朋友的真正含义是要以平等的、孩子乐于接受的方式贯彻自己的教育思想，说服孩子不做违规的事情。

因此，父母要做孩子的朋友，深入理解孩子，了解孩子的情绪发展、生活和学习中的困惑，以自己的人生经验对孩子的成长作出科学的指导。

【好妈妈必读】

想做孩子的朋友，不是口头说说就可以的。一个健康孩子的成长需要和谐、愉快、积极与充满爱的心理环境。

在孩子的成长过程中，父母应注意时代的特点和孩子心理年龄特征，充分肯定孩子的长处，在表扬和鼓励的基础上对孩子的过错及时纠正。假如一味地数落孩子，责怪孩子这也不是那也不对，只会让孩子产生自卑心理和逆反心理。

随着孩子的成长，不断改变对孩子的教育方法，特别应注意不断改善及创造良好的家庭环境，提高家庭教育水平。与孩子讲道理应该合情合理，给孩子申辩的机会，让孩子在争辩中更加理解父母所讲的道理。循循善诱，充分地说明理由，与孩子讲道理不仅需要有耐心，还应结合孩子的心理特征、情绪状况，选择恰当的方法与技巧，多站在孩子的立场上想问题。

那么，在生活中，父母应怎样与孩子做朋友呢？

（1）做孩子兴趣发展的朋友

做孩子兴趣发展的朋友，最重要的是父母能安下心来，做孩子忠实的观众。成长中的孩子，最缺少的是"观众"。假如有人能欣赏自己，孩子会感觉做什么都有动力。在孩子的兴趣发展上，这一点尤为突出。当然，兴趣培养不是越多越好，更不能盲目求多，要根据孩子的自身特点进行选择。

（2）做孩子学习知识的朋友

做孩子学习知识的朋友，关键是在孩子遇到疑难问题时，父母要积极主动参与，和孩子一起研究探讨。

（3）花些时间了解社会流行的元素

不论是歌星、青少年偶像，还是电脑游戏，父母都要花一些时间去了解。这样一方面可以增加亲子间的话题，另一方面也告诉孩子父母"在乎"他的兴趣，而且还可以让父母感觉自己更年轻！

（4）做孩子娱乐的朋友

要舍得花时间与孩子一起玩耍，分享其中的快乐。孩子只有把父母当作自己的朋友，才会有无尽的话向父母倾诉，才会与父母一起分享喜与怒。父母要专心倾听，更要表现出兴趣，在恰当的时候表明自己的意见，或支持孩子的见解。

（5）不要摆父母的架子

不要摆起架子，做"高高在上"的父母。要对孩子说心里话，不要把话闷在肚子里。让孩子明白他对你是多么重要，告诉他你多么的爱他，慷慨地把你的时间分给他，但是对物质上不要"有求必应"。把孩子当作朋友，经常与他谈心，可以告诉他你每天经历的事情，也可以听他向你讲述他一天所经历的事情。假如他告诉你做了什么"不该做"的事，不要训斥，不要生气，多听少说。当他认为与你聊天没有"被惩罚的威胁"的时候，他才会无所不谈。

学会向孩子道歉

【情景再现】

一位妈妈苦恼地说："星期天，我在打扫房间时发现鱼缸被打破了，由于儿子平时比较好动，我就认为是儿子淘气的时候打碎的，于是严厉地批评了他。他当时非常委屈，一直说不是他打碎的。我认为儿子在狡辩，就打了他一下。晚上，孩子的爸爸回来了，说鱼缸是他拿东西时不小心打碎的。我才意识到自己错怪了孩子，可是，我是一个非常爱面子的人，我对儿子说：'即使不是你打碎的，但是，你平时太淘气，以后要多注意。'出乎意料的是，儿子接下来有很长一段时间不愿意和我说话。我很清楚当时我没有向他道歉，伤害了他的自尊心，但是，我放不下父母的架子，而且，现在也不知道怎么跟儿子谈这件事。"

【情景分析】

家庭是一个小型的社会，父母与孩子之间是平等的。当孩子做错事的时候，父母要求孩子承认错误；当父母错怪孩子的时候，为什么就不能向孩子道歉呢？

父母在孩子面前承认错误，表明父母尊重孩子，这样不仅可以让孩子懂得做人的原则，还能让孩子对父母产生由衷的敬意，同时，父母的威信才会真正树立起来，亲子关系也才会进一步融洽。

美国教育家斯特娜夫人说："一个勇于承认错误、探索新的谈话起点的父母，远比固执、专横的父母要可爱得多。"事实上，能够向孩子道歉的父母大部分是孩子信赖的人。

父母做错了事，违背了自己曾经许下的诺言时，如果能向孩子说一声"对不起"，不但可以帮助孩子建立自尊，同时，也能使孩子养成尊重他人的习惯。

但是，在现实生活中，很多父母都像上文中的妈妈一样，明明知道是自己错了，反而训斥孩子，这些父母错误地认为：向孩子道歉会形成纵容的作用，并且有损自己做父母的尊严。其实，这些想法是不正确的。当孩子一旦感到父母的命令不合理时，他们往往会表现出反抗行为，在感情上与父母疏远，甚至在遭到训斥时与父母顶撞。如果父母能够承认自己的错误，并向孩子道歉，孩子便会对父母产生信任，同时，他们也学会了承认错误并知道这不是羞耻的事。

【好妈妈必读】

父母向孩子道歉的好处是使孩子心理健康，建立起强烈的自信心和自尊心，他们能学会更加妥善地处理生活上的各种压力，承受能力更强，也变得更容易接受成人的教育和指导，容易将自己的思想、感情告诉父母，不至于把苦闷情绪压抑在心里。而那些经常生活在父母专制下的孩子，心理上则更容易出现问题。

那么，父母应该怎样向孩子道歉呢？

（1）敢于向孩子道歉

父母要把自己当成是与孩子平等的人，在犯错误时，要敢于向孩子道歉。有教育专家表示："当父母发现自己对孩子的态度过分气愤、严厉的时候，或从孩子的言行中，明显感觉到他自尊心受伤的时候，就应向孩子道歉，抚平孩子心灵的创伤。"敢于向孩子道歉的父母不仅不会失去自己的威信，同时还会获得孩子的信任与尊敬。

（2）敢于向孩子承认自身的错误

任何一个人都会犯错误，假如父母曾犯过错误，不妨把自己所犯的错误告诉孩子，并以此来教育孩子。这样，孩子不仅不会看不起父母，反而会更加尊敬父母，感受到父母的诚恳。

（3）敢于自我反省

英国教育家斯宾塞说："父母们夸大了子女的不当行为给他们带来的苦恼，总认为一切过错都是由于子女的不良行为所致，而与他们自己的行为无关。但是我们稍作公正的自我分析之后，就可以发现父母发出的强制性指令，主要是为了自己的方便行事，而不是为了矫正错误。"

（4）有错误就给孩子写封道歉信

假如父母认为当面向孩子道歉有失面子，那么，不妨试着给孩子写一封道歉信。给孩子写道歉信，更能体现出父母的情感，孩子会更加感动。有的甚至会把这封信珍藏起来，作为父母送给自己的礼物。

倾听是妈妈必须具备的一种能力

【情景再现】

情景一：妈妈正在做饭，孩子回到家高兴地跑到妈妈身边："妈妈，我们班今天发生了一件很好玩的事！""没看我正忙着？还不快去做作业！别整天疯疯癫癫地光想着好玩。"孩子一下子蔫了。

情景二：妈妈在看电视，孩子走到身边说："妈妈，我想跟您说件事。""行，什么事？你说吧！"妈妈答应了孩子的要求，但却没有认真倾听孩子的诉说。孩子说的时候，妈妈虽然在哼哼呀呀地附和着，但眼睛却一直盯在电视上，根本不正眼瞧一眼孩子。最后，孩子气呼呼地说"不跟你说了"而转身离去。

情景三：班主任打电话找父母，说孩子在学校打架了。孩子放学回到家，一肚子怒火的父母开口就说："你这个浑小子，整天不干好事，净干坏事！"孩子嘟囔着："我，我……"似乎想说明打架的原因。"我什么我！你还有什么好说的？"孩子委屈得流下了眼泪……

【情景分析】

从这几个场景中可以看到，很多时候不是孩子不愿意说，而是父母没有认真听孩子说。 这样的做法，怎么能够全面地了解孩子？怎么能够走进孩子的内心世界呢？ 不了解孩子而与孩子沟通能不费劲吗？ 要想和孩子沟通，就必须学会倾听。 倾听是和孩子有效沟通、了解孩子的手段。 不会或者不知道倾听，也就不知道孩子究竟在想什么，连孩子想什么都不知道，何谈了解？

倾听是父母教育孩子时必须具备的一种能力，这是因为孩子的教育80%在于沟通，20%在于教导，只要沟通到位，教育就不会是一件很难的事情，而倾听正是亲子沟通中必不可少的一个重要环节。因此，要解决孩子的问题，首先要解决和孩子的沟通问题，父母必须学会和掌握倾听的技巧。

【好妈妈必读】

妈妈如何正确地运用倾听艺术，使自己在和孩子的沟通中收到良好的效果呢？

（1）要有主动倾听的意识

父母千万不能因为孩子小，就忽略他们的表述。不要总是居高临下，而要经常蹲下去，与孩子面对面，平等地互相倾听与诉说。在倾听孩子谈话的过程中，不时地运用眼神或简短的语言表示出兴趣。切忌表现出不耐烦，或说出让孩子扫兴的话语。

（2）要允许孩子申辩、解释

生活中常会有这样的情况：孩子犯错时，父母凭着自己了解的情况武断地对孩子的行为作出评价和责备。当孩子申辩、解释的时候，父母会气上加气，对孩子一声断喝："住口，不用解释了！"这种做法会对孩子造成很大的伤害。孩子有时候犯了错，可能有一定的原因，应该让他申辩和解释，老是用"你不用解释"来制止孩子，孩子渐渐就会放弃为自己辩解的权利，他会背着许多委屈，一个人默默承受，长久下去可能会造成严重的心理问题。

（3）要善于运用倾听的净化作用

倾听可以协助孩子及时排解情绪等方面的问题。倾听是了解的开始，在心理学上，倾听更具有净化的作用。当孩子遭遇挫折、困顿、失败和难过时，积极的倾听能够安抚和过滤孩子复杂而奔腾的情绪，帮助孩子解决存在的问题，就像眼睛里进了一粒沙子很难过，但当眼泪将沙子带出来后，便会觉得舒服多了。 请看以下的例子。

孩子：妈妈，我讨厌上学，因为全班的同学都欺侮我。

母亲：全班的同学都欺侮你？

孩子：对啊！ 我跟丽丽借橡皮擦，她都不肯借给我。

母亲：你觉得很没面子。

孩子：姗姗和我赛跑输了，就说我偷跑，其实我根本没有偷跑。

母亲：嗯，还有呢？

孩子：老师叫我登记成绩，他们就说我是马屁精。

母亲：哦……

孩子：我的作文被老师贴在墙报上，张琦就说我是抄来的。 其实，我哪有抄。

母亲：那怎么办？ 全班的小朋友都在欺侮你。

孩子：其实……也没有啦……不是全班啦……

母亲：有一半的同学在欺侮你。

孩子：也没有那么多啦！

母亲：至少有十个同学欺侮你吧！

孩子：哪有？ 这次班上同学还选我当模范生呢！

母亲：哦……

孩子：其实就只那三个人啦！ 因为他们嫉妒我的功课比他们好！ 可是……也还好啦！ 上次他们还请我吃冰淇淋，有一次我脚痛，张琦还帮我打午餐呢！

这位母亲没有大段的说教，只是用简短的回应，特别是用

"嗯、哦"等简单的回应，就帮助孩子澄清了情绪和想法，解决了她认为"全班同学都欺侮自己"的问题。

（4）要注意运用反映式倾听

反映式倾听就是倾听时试着了解孩子的感受和想法，不加入父母的意思、分析、劝告及任何判断的话。过程中可就事实本身向孩子求证，进一步了解孩子话语中隐含的意义，找出隐藏在其心中的感受或问题的症结。帮助孩子从合理、正面、积极的角度梳理自己的感受，使负面情绪得到疏解。可见，反映式倾听是一种开放式的沟通，是父母对孩子感受表达的回馈，可使孩子有"我被了解"的感觉。

比如，孩子带着怒气告诉妈妈："我讨厌体育老师，他从不让我上场参加篮球比赛，每次比赛我都是坐在场边。"妈妈听了这话后的反应大致会有下面几种：

其一："你应该告诉体育老师你的想法，应该知道怎样为自己争取权利。"

其二："你自己技术不行还怪老师。小时候叫你练球你就是不肯。"

其三："我相信通过练习你会进步的。要有耐心，老师还没看到你的潜能。"

其四："我去找你们老师谈谈。这对你不公平，你想打球，他怎能不让你打！"

上面的四种反应都不能有效地帮助孩子解决问题，甚至会导致孩子出现其他问题。那么，如何采用反映式倾听，帮助孩子解决自身的问题？

妈妈："看样子你在生老师的气，因为他没让你参加比赛。"

孩子："可不是吗？打篮球挺有趣的，尤其是在比赛的时候。"

妈妈："你很想参加比赛，可是你现在有点失望，因为同学之间有竞争。"

孩子："是啊，也许我应该加强练习，提高球技，才能有机会上场。"

反映式倾听是一种尊重孩子的态度。父母可以不同意孩子的想法，但应通过反映式的倾听表示愿意真诚地了解他们的感受，包括字面上的意思或隐含于背后的意思。

（5）要巧妙地表达你的意见

在倾听孩子的诉说时，不要表示或坚持明显与孩子不同的意见。因为孩子希望父母"听"他说话，希望父母能设身处地地为他着想，而不是给他提意见，批评他。你可以配合孩子的述说，巧妙地提出你的意见。比如，孩子说完话时，你可以重复他说话的某个部分或某个观点，这不仅证明你在注意听他所讲的话，而且可以用下列的答话表达你的意见，如："正如你所说的，我认为……"等。

◆ 要保护孩子的自尊心 ◆

尊重也是爱的一种体现，教育的前提是尊重孩子并且平等地对待他们。但现在很多家长总是站在作为家长的制高点去对待孩子，这是不正确的。

高情商家教思维

1. 你如何理解"没有尊重就谈不到爱"这种说法？

_____

_____

2. 反思一下自己，是否有武断专横、不尊重孩子的现象？ 今后又该如何改进呢？

_____

_____

3. 尊重与溺爱之间只有一线之隔，过度尊重孩子的意愿就变成了溺爱。 作为家长，该如何把握这种尺度？

_____

_____

4. 孩子心中被尊重的渴望会以哪些方式表现出来？ （如和家长顶嘴等）

_____

_____

5. 孩子是否常常与你分享他的心事？ 你对此是耐心开导还是敷衍塞责？ 孩子对此又是什么反应？

_____

_____

6. 反思一下，在做错事的时候，你是否真挚诚恳地向孩子道了歉？ 这又会对亲子关系产生什么影响？

_____

_____

人格篇

好妈妈更关心孩子的心理与品质

有调查表明，一个人的事业成功与家庭幸福，20％取决于智力因素，80％取决于非智力因素。而在非智力因素中，起主要作用的是人格。家庭教育应该主要给孩子一个人生支点，给孩子一种品格、一种能力、一种习惯，从而给孩子一生的支撑。妈妈应该更多地关注孩子的人格塑造！只有健全的人格，才能真正守护孩子一生，帮助孩子走向成功和幸福！

第一章

培养心态，让你的孩子更阳光

　　心态直接影响着孩子个性的健全发展。一个积极主动的孩子能更快地适应环境，能更和谐地与同学相处，能以昂扬的状态投入学习或班级活动中。而有些适应性弱，不善于调整自我或行动过于偏激的孩子会在集体中显得格格不入，从而影响其健康成长。所以，培养孩子积极的心态是家庭教育的重中之重。

让孩子成为"乐天派"

　　【情景再现】

　　陕西省西安市某中学初三学生刘燕学习成绩很棒，许多同学都非常羡慕。有一天，刘燕的同学去老师办公室，听到了老师这样一番话："刘燕真是只快乐的小燕子，歌不离口，笑容时时刻刻都挂在脸上。不管做什么事都是开开心心的，每次看到她都觉得心情特别愉快。"这个同学终于明白了为什么刘燕能得到老师的器重和同学们的爱戴，原来乐观豁达的性格起着很大的作用。知女莫若母，刘燕的妈妈曾经乐呵呵地告诉大家："刘燕最大的优点就是乐观，遇到什么困难都不怕，总是乐观积极地去面对，才有今天的好成绩。"也正因为这个原因，刘燕不仅学习成绩优异，其他方面的素质也都很高，她自己还戏称，所有的成绩都源于"我是个乐天派"。

【情景分析】

从刘燕身上我们可以看出，乐观的心态，对一个人的一生都很重要。一个孩子如果拥有乐观的心态，便会拥有对人生的自信。

关于乐观，法国作家阿兰在论述把快乐的智慧用于和烦恼作各种各样斗争时，说："烦恼是我们患的一种精神上的近视症，应该向远处看并保持积极乐观的心态，这样我们的脚步就会更加坚定，内心也更加泰然。"在家庭教育中，乐观教育是潜移默化的，比如：如果这会儿下雨了，就要引导孩子说"下雨了"，而不要说"该死的天，又下雨了"。因为这样说并不能改变下雨的事实。当然，就算说"太好了，又下雨了"，也不能使雨发生任何改变，可是如果把这种话说给孩子听，情况就大不一样！"瞧，太好了，又下雨了！小鸟在歌唱，小草也在歌唱，它们都得到了雨的滋润。"这样就会把快乐传递给孩子，让孩子无论面对何种环境，都保持一种愉悦的心情。

孩子的性格不同，有的乐观，有的消极。乐观的人给周围的人带来欢乐，是一个受人欢迎的人，是一个容易成功的人。所以，积极乐观的心境能促进孩子交往能力的提高，并提高学习效率；消极的心境则会妨碍孩子的学习，影响其身心健康。

乐观是"一种性格倾向，使人能看到事情比较有利的一面，期待更有利的结果"。也许有些孩子天生就比较乐观，有些孩子则相反。但心理学家发现乐观思想是可以培养的，即使孩子天生不具备乐观品质，也可以通过后天的努力来实现。

【好妈妈必读】

如何培养乐观的孩子呢？可从以下四方面入手：

（1）让孩子感受到父母的爱

随时从父母那里得到坚定支持的孩子，会认为生活可以信赖，人生充满机会。即使生活中偶然出现艰难、失望的境遇，他们仍然能够对生活保持积极的态度。

尊重孩子是对孩子表示支持的最好方式。母亲在听孩子说话时要热心、不急躁，无论孩子说什么都要表现出兴趣，切忌咒骂或讽刺挖苦。

孩子不小心打碎了杯子，父母不要对孩子说："你真蠢，这点小事都做不好。"这会损害孩子对自身价值的承认以及对你的信任，不妨换一种口气说："没有关系，以后多注意点。"

做父母，就是要用一颗纯净的心去理解孩子，爱护孩子。但是，父母千万不要把疼爱变成瞎吹滥捧。不分青红皂白地赞扬孩子，只会增加孩子的无助感。因为，孩子对过分的夸奖有着敏锐的直觉。

（2）对孩子说"你能做好"

乐观的孩子总是觉得自己能够驾驭生活，能够克服学习中的困难，能够摆脱人生中的痛苦。作为父母，首先要帮助孩子树立切合实际的期望目标，并且清楚自己的孩子要怎样做才能达到那个目标，最后，对孩子迈向目标的每一个细微的进展，都要给予鼓励和赞扬。

（3）父母要保持乐观情绪

孩子不可能总是按照父母说的那样去做，但肯定会仿照父母做的那样去做。因此，要想孩子乐观，父母自己必须表现乐观。看着母亲一边料理家务一边哼着小曲时，孩子自然会感到快乐。

如果父母整天抱怨，表现很悲观，孩子自然不会觉得快乐。 在生活中，父母还要注意自己的言行，常说些积极乐观的话，比如，孩子抱怨说："我太笨了，连足球都踢不好。"这时父母最好说："你刚刚练习，踢到这个程度已不错了，以后，经过努力，你一定会成为足球健将的。"如果父母是乐观的人，孩子成为乐观主义者的机率就会相当大。

（4）利用小伙伴的影响力

父母要懂得：孩子的成绩能被小伙伴承认，会增加孩子的自尊心，对培养乐观心态非常有好处。 海伦8岁，上小学三年级，文化课十分出色，但体育课却不及格。 汤米的体育课特别好，文化课却是中等。 海伦的母亲让她向汤米学习体育。 海伦说："汤米文化课不好，我不喜欢他。"母亲说："他教你体育，你帮助他学文化课，你们正好可以取长补短。"海伦同意了母亲的做法，几个月后，她在体育课上取得了好成绩。

这种影响力的诀窍，在于利用孩子的攀比心理来激发他们积极向上，并乐观地改变自己的不足。 父母应该经常把自己如何交友，如何赢得朋友的尊重，如何保持友谊以及这一切对人如何重要的经验告诉孩子，设法扩大孩子的活动范围，鼓励他们多向他人学习。

孩子对新伙伴的个性很敏感，父母要多引导他们全面地分析新伙伴的优缺点，让他们以积极乐观的态度去处理人际关系。

总之，乐观的生活能培养出孩子豁达的心胸和充分的自信，这是生活中一个良好的习惯，如果你想做一个好父母，请帮助孩子养成这种乐观的精神，它会使孩子受益终生。

鼓励孩子的勇气

【情景再现】

在成都市第三小学的一次家长教育交流会上，王桐的家长第一个站起来发言，表示对自己孩子的胆小怯懦的行为表示担忧："我的孩子不敢在生人面前讲话，家里来了客人，他躲在角落里一言不发，大气不出，我们叫他出来也躲躲闪闪；不敢在班上回答问题，更不敢向老师提出问题，甚至老师点名叫他回答问题，也难于开口，或者声音细小，匆匆结束；不敢一个人待在家里，总说害怕，怕什么也说不清楚；不敢一个人上街办点儿事情，像买张晚报、取瓶牛奶、发封信件这些事情也依赖大人，自己不敢单独去做；不敢在晚上出屋门，即使很短的时间，很短的路，也很害怕；不敢在受小朋友欺负的时候大声讲理，更不敢反抗，一味忍受，回家哭泣。"问题提出后，引起很大的反响，许多家长普遍反映，自己的孩子也有类似的问题，只是有的表现得明显些，有的表现不明显而已。

【情景分析】

王桐的这种表现在孩子当中还是很普遍的。造成孩子胆小怯懦的原因是多方面的，当孩子不懂得什么是危险的时候，他们是不会胆小、害怕的。随着生活内容的增加，在实践中，常会遭到某些伤害和影响而产生恐惧心理。由恐惧心理而导致的胆小心理，大部分是由于家长们的行为所导致的，当然，也有的是因为孩子无知莽撞，亲身尝过苦头后才变得胆小起来。

如果大人们过分胆小怕事，谨小慎微或者过于关心自己的健康状况，稍稍有点不舒服就哼哼起来没个完，都会令孩子胆小怕事。另外，家庭中经常打架吵嘴，孩子幼小时与父母分离，用恐吓及打骂方法教育孩子，以及看惊险的电影，听鬼怪的故事和在黑暗中受到惊吓等，也会造成孩子情绪紧张和恐惧的心理，使孩子变得特别胆小怕事。孩子幼时受到过多的照顾，稍长大些，又受到简单、生硬的管教，很容易习惯于顺从，乖乖听话，渐渐地变得胆小怯懦。此外，有些家长不让孩子和周围的小朋友玩，或者包办、代替、干涉孩子们的矛盾，使孩子产生依赖心理，不敢自己解决自己的矛盾。

【好妈妈必读】

面对缺乏勇气和胆量的孩子，专家建议家长应从以下几点做起：

（1）切忌用简单、生硬和恐吓的手段教育孩子，也不要嘲笑或惩罚他们的胆小。

（2）培养孩子的独立性，让他们干力所能及的事，独立处理遇到的问题。

（3）培养孩子的自尊心和自信心，让孩子走向伙伴，参与伙伴们的各种活动，从中体验自己并不比别人差。

（4）让孩子多参加有竞争性的活动，如棋类、球类等，培养他们的竞争意识。

（5）让孩子与父母在一起，从事一些带有一定冒险性或探索性的活动，特别是到大自然中去，培养其坚强意志和大胆、顽强、开朗的性格。

倘若胆小怯懦成为性格的构成部分，就会使人变得孤僻、畏缩、意志薄弱，缺乏进取的勇气和信心，变成弱者。因此，父母应于孩子性格尚未定型的时期，花大力气帮助孩子克服胆小怯懦，经风雨，见世面，锻炼成为勇于进取的开拓者和创造者。

培养孩子坚强的意志

【情景再现】

江苏省南京市的小学生洋洋是个独生子，父母收入都很高，家境比较优裕，洋洋又聪明活泼，父母对他疼爱有加，只怕他受委屈，对他百依百顺。不管有什么要求，父母都尽量满足他。就这样，洋洋养成了对父母长辈的依赖性，事事都要依靠父母的帮助，做什么事都不能有始有终，总得在父母的帮助下才能做好，一遇到困难就不肯向前。有一次，洋洋和父母一起去爬一座并不太高的小山，走到半山腰就爬不动了，一步也不肯向前走，坐在地上一动也不动，任凭爸爸妈妈怎么说，就是不起来。万般无奈下，只好由爸爸背洋洋下了山。为此，洋洋的爸爸妈妈非常苦恼，却不知如何去做才好。

【情景分析】

像洋洋父母这样为孩子缺少坚强的意志品质而苦恼的家长在现实生活中有很多。在这里，有必要先了解一下什么是意志。意志是自觉确定目的，根据目的去支配和调节行为，克服困难，从而实现预定目的的心理过程。这篇案例里洋洋的父母就没有重视对孩子意志力的培养。

莎士比亚说过这样一段话：我们的身体就像一个园圃，我们的意志就是这园圃的园丁。无论我们插蓖麻，种莴苣，栽下牛蒡草，拔起百里香，或者单独培育一种草木，或者把全园种的万卉纷呈，或者让它荒废也好，或者把它辛勤耕耘也好，那权力都在于我们的意志。可见意志的重要性。

人的认识、情感、行动有的是有目的的、自觉的，有的则不是。而人的意志行动则完全是有目的的、自觉的。正因为如此，人类才不是消极地、被动地适应环境，而是积极能动地改造世界，成为现实的主人。离开了自觉的目的，就没有意志可言。

人的意志是人脑对客观现实的反映，受着客观现实的制约。如果一个人顺着客观事物发展的规律，应着客观事物发展的需要，根据自身的基本条件，确立目的，克服困难，孜孜以求，"有志者事竟成"，是可以的。如某一学生决心当"三好学生"，努力拼搏，实现愿望的可能性是存在的。

倘若违背客观事物的发展规律，客观上办不到，主观上倒行逆施，不可为而为之，到头来只能以碰壁而终。如一位五年级学生在"你长大想干什么？为什么？"的问卷中答道："我长大想当皇帝，因为世上皇帝最威风。"

【好妈妈必读】

作为家长，应该让孩子知道意志的重要性，明白坚强的意志力能使人克服各种各样的困难，而意志品质的四种表现为自觉性、果断性、自制性、坚持性。这是孩子成长中必不可少的能力。

（1）培养自觉性

自觉性是指对自己的意志行动的目的性具有明确的认识。有自觉性的人，不仅坚信自己的行动是正确的，克服困难，直至胜利，还能倾听合理建议，坚守原则，不为困难所吓倒。如果孩子的行动自觉性比较差，且任性、执拗或过分依靠成人，则必须培养其独立自主能力，逐步从成人的检查监督过渡到自我检查监督。

（2）培养果断性

果断性是指善于在困难中辨别事物的真相，迅速作出决定和积极采取行动。由于孩子知识经验不够，易受暗示而匆匆作决定，贸然行动，因此，父母应根据他们的知识经验和智力水平，培养他们辨别是非和当机立断的能力，防止冒失或优柔寡断。

（3）培养自制性

自制性是指善于控制和协调自己的行动。在这方面，儿童年龄越小越差，他们不善于自制，容易冲动，常违反纪律，因此必须从对他们进行学习目的、课堂纪律和辨别是非的教育入手，从遵守纪律、完成作业、清洁卫生等具体活动入手，提出要求，检查完成情况，养成习惯，逐步发展他们的自制力。

（4）培养坚持性

不屈不挠地把决定贯彻始终，就是坚持性。孩子的坚持性是在读、写、算等技巧形成中逐步发展的。父母应教育他们凡事有始有终，防止他们遇到挫折或受到引诱而半途而废。

一般来说，意志的自制性和坚持性，女孩要比男孩好，这点需要注意，以便对男孩多加督促。

培养孩子宽容的心态

【情景再现】

情景一：在一个广场上，几个三四岁的小朋友正在一起玩得高兴。突然，一阵哭声传来。在旁边的妈妈听到孩子的哭声之后，快步走到了一群小朋友之间，原来是自己孩子的玩具被另一个小朋友抢走了。

看到自己的孩子受欺负，这位妈妈很生气，大声地斥责孩子："你怎么那么笨！你不会把它抢过来吗？"

看到有妈妈在一旁撑腰，这位小朋友的胆子也大了很多，趁着那个小朋友不注意，一把将玩具夺了回来，然后紧紧地抱在怀里，再也不让别的小朋友玩了。

这位妈妈牵着孩子的手走到了另一边，并且边走边对孩子说："记住，以后谁要是再欺负你，你就要勇敢地去反击，不要这么懦弱，否则，长大了是要被人欺负的。"

听着妈妈的话，孩子似懂非懂地点了点头，然后就自己一个人去玩了，而刚才和他玩的那些小朋友一个也不过来了。

情景二：在德国，有一个叫雪丽的7岁小女孩。有一次，在自己的生日晚会上因为一点小事而遭到好友梅尔的无端抢白，雪丽感到大丢面子，因此一股试图报复的心理涌上心头。晚上回到家后，她就把生日晚会上发生的事情与自己的想法告诉给了妈妈。妈妈听了她的话之后，没有说女儿这样做是对还是错，只是对女儿说，报复根本就不能解决发生的事情，我建议你不妨去了解一下好友出于什么原因对你出言不逊。在母亲的劝说下，雪丽通过和梅尔谈心了解到：当时梅尔喂养的小兔子突然死去，心情十分沮丧，所以难免出言不逊。小雪丽和梅尔经过一番谈心之后，知道了原因，原谅了梅尔，两个小伙伴的友谊更深厚了。

【情景分析】

与第一个故事中的妈妈相比，雪丽的妈妈更注重培养孩子宽容的心态。

宽容就是宽恕容忍，严于律己，宽以待人。 一个人只要有了宽容的心态，就能容纳不同的意见，尊重他人的生活方式，允许他人有这样或那样的过失，给他人改正错误的机会。 有宽容之心的人一般能与人和睦共处，合作共事，保持良好的社会关系。

我国古代许多伟人都很重视宽容的品质。 如庄子说，圣人应有包容天地、遍及天下的宽阔胸怀。 我国近代民族英雄林则徐指出，"海纳百川，有容乃大"，一个人善于宽容，他的人格才会像海一样伟大。

【好妈妈必读】

家长如何培养孩子的宽容品质呢？

（1）以身示教宽容

苏联教育家马卡连柯曾指出，父母"在开始教育自己的子女之前，首先应当检点自身行为"。 作为父母，为让孩子学会宽容，首先自己应有宽容的心态。 如果父母心胸狭窄，无视他人的意见，习惯将自己的意志强加于人，不给人改错的机会，为一点小事而争执不休，为一点小利而斤斤计较，孩子又怎么能学会宽容呢？ 孩子会受父母的影响，父母有一颗宽容之心，宽容的心态才会再现在孩子身上。

（2）用故事教育孩子

故事是教育孩子的重要手段，国内外有许多体现宽容的小故事，父母可以借此教育孩子。 如我国历史典故"负荆请罪"，将军廉颇屡建战功，不服蔺相如以口舌之利居上位，欲加凌辱。 蔺相如以国家利益为重，屡次忍辱避让。 廉颇知道事情的原委后，深感惭愧，于是，背负荆条，上门请罪，并感叹道："鄙贱之人，不知将军宽之至此也。"两人终成刎颈之交。 此例正是蔺相如的宽容避免了内讧，换来了友谊，维护了国家的利益。

（3）用自然景观陶冶孩子

大自然的博大与雄厚可使人心胸开阔，性格开朗，心情愉悦，进而催人产生宽容之心。 家长可带领孩子观赏祖国的大好河山，让浩渺的海洋、奔腾的河流、秀丽的湖光山色陶冶孩子的心灵，开阔孩子的视野和胸襟。

（4）让孩子在交往活动中学会宽容

宽容之心是在活动中发展起来的。 孩子只有与人交往，才会发现缺点、错误。 每个人都有这样或那样的缺点，都要犯些或大或小的错误，只有懂得宽容，才能与人正常交往，友好相处。 另外，孩子也只有通过交往，才能体验宽容的意义，体会宽容的快乐。 如称赞别人的优点，庆贺同学的成功，帮助有困难的同学，采纳别人的合理建议等。 这些都能使孩子收获友谊，分享别人的成功，并使自己也获得进步。

在教育中，父母要特别注意引导孩子用宽容的态度，来对待比自己强的同学、比自己弱的同学和自己的竞争对手。 让孩子不嫉妒比自己强的同学，不嘲弄比自己弱的同学，不故意为难自己的竞争对手，引导孩子向好同学学习，帮助弱的同学，学会与竞争对手合作。

（5）让孩子习惯于"变化"

宽容不仅体现在对"人"的态度上，也表现在对"物"和

"事"的态度方面。 因此，父母要引导孩子见识多种新生事物，让孩子喜欢，并乐意接受新生事物，习惯于事物发生的变化，乐于创新。 如让孩子观察生活日新月异的变化，允许孩子独辟蹊径地解决问题。 孩子一旦习惯于"变化"，就能"包容"新生事物和事物的变化。

◆ 帮孩子克服恐惧心理很重要 ◆

胆小怯懦是孩子的常见表现。造成孩子胆小怯懦的原因是多方面的，家长要及早发现问题并逐步加以引导，但要避免用粗暴的恐吓手段教育孩子。

高情商家教思维

1. 如果孩子对你说："该死的天气，又下雨了！ 我又没法出去玩了。"你该如何将他向积极的方向引导？

_____

_____

2. 反思一下，你是时时都保持乐观情绪还是常常抱怨？

_____

_____

3. 你们是否带孩子进行过具有冒险性和探索性的活动？

_____

_____

4. 你觉得在孩子的四个意志品质即自觉性、果断性、自制性、坚持性中，哪一项是最重要的？ 为什么？

_____

_____

5. 在给孩子讲故事时，你能想到哪些有关宽容的故事？

_____

_____

6. 比较严于律己与宽以待人，你认为哪一点对于孩子的人格塑造更为重要？ 为什么？

_____

_____

第二章
塑造品质，让你的孩子更优秀

具有优秀的道德品质是人才的衡量标准之一。 一个品德低下的人很难成为高素质、高水平的人才，而且，他不但不能有大的作为，也难以立足于社会。 养成良好的道德习惯，是孩子的立身之本，是孩子走向成功之路的第一张人生通行证。 基础教育阶段是一个人发育成长的重要时期，是初步形成正确的世界观、人生观的关键时期。 一个健康的家庭必须教育子女具有优秀的道德品质，让孩子成功地拿到这一张人生的通行证。

让孩子学会尊重

【情景再现】

一位中年妇女带着一个小男孩走进位于美国纽约曼哈顿的著名企业"巨象集团"总部大厦楼下的花园中，在一张长椅上坐下。这位妈妈似乎很生气，不停地教训着小男孩。离他们不远的地方，有一位头发花白的老人正拿着一把大剪刀，修剪着花园里的低矮灌木。修剪过的一排灌木丛非常整齐漂亮。

忽然，这位妈妈从随身携带的拎包里揪出一团卫生纸，随手扔到了刚修剪过的灌木上，破坏了灌木的美感。正在修剪其他灌木的老人看见了，诧异地转过脸看着小男孩的妈妈，而她也满不在平地看着老人。老人什么也没说，默默地走过去，捡起那团纸扔进了一旁的垃圾桶里，然后继续修剪灌木。

过了一会儿，小男孩的妈妈居然又从挎包里扯了一团卫生纸，扔到了灌木丛上。小男孩惊讶地问："妈妈，你要干什么?"妈妈朝他摆了摆手，示意他不要说话。这次，老人还是默默地捡起了那团纸，扔进了垃圾桶里，然后又继续工作。可是，老人刚拿起剪刀，小男孩的妈妈又扔了一团纸……就这样反复了六七次，老人每次都轻轻地将纸捡起来扔进垃圾桶，丝毫没有表示出厌恶和鄙视的神色。

小男孩的妈妈指着修剪灌木的老人对儿子说："我希望你明白，你如果现在不努力学习，将来就会跟这个老园工一样没出息，只能做这些卑微、低贱的工作!"原来小男孩的妈妈扔了那么多纸是将老人当作活教材来教育儿子要好好学习，免得将来做这些低贱的工作。

一直在专心修剪灌木的老人听见了小男孩妈妈的话，停下手中的工作，走到她面前说："夫人，这里是巨象集团的私家花园，按照规定只有集团员工才能进来。"

小男孩的妈妈傲慢地掏出一张证件冲着老人扬了扬，说："我是巨象集团所属一家公司的部门经理，就在这座大厦里工作。"

老人停了一会儿说："我能借你的手机用一下吗?"

小男孩的妈妈有些不情愿地将自己的手机递给了老人。老人拨了一个号码，简短地说了几句话，就将手机还给了小男孩的妈妈。她收起手机，又对儿子说："你看这些穷人，这么大年纪了连个手机也买不起，你一定要努力学习啊!"

这时候，小男孩的妈妈忽然发现巨象集团人力资源总监匆匆忙忙地向自己这边走过来，她笑着准备跟他打招呼，没想到总监却径直走到了那位修剪灌木的老人面前，毕恭毕敬地站好。老人指着小男孩的妈妈说："我现在提议免去这位女士在巨象集团的职务！""好的。总裁先生，我立刻按照您的指示去办。"

接着，老人走到小男孩面前，抚摸着小男孩的头，意味深长地说："孩子，我希望你明白，虽然你要学习的东西很多，但你必须学会尊重每一个人。等你真正理解并学会怎样尊重别人的时候，你带着你的母亲再来找我。"说完，老人又拿起剪刀，继续去修剪灌木了。

【情景分析】

有人说："骂别人就是借别人的口骂自己，打别人就是借别人的手打自己。"换而言之，鄙视别人就是通过别人来鄙视自己，尊重别人也就是尊重自己。上面这个故事形象地阐明了这个道理。

每个人都有自尊，无论是孩子还是成人都竭力想要维护自己的自尊，然而别人的自尊却往往容易被我们忽视。在待人接物上，有的人习惯以职业、地位、身份、收入、外貌、身体健康状况等外在因素将人分出高低贵贱，区别对待。

一位妈妈带孩子去超市买东西，从入口进去的时候，她忘了推购物车。进入超市卖场之后，看见一位超市员工推着三辆购物车，就走过去对他说："喂！给我腾出一辆购物车。"超市员工见这位妈妈态度傲慢，便不耐烦地说："我这些都是要用的，你自己去找。"这位妈妈一边拉着孩子走开，一边生气地说："切！你凶什么凶，不过是个小小的服务员。"超市员工忍着怒气走开了。这一切都被孩子看在眼里。购物出门之后，妈妈带着孩子回家。在路上，孩子一边走一边吃零食，还把零食袋扔在路上。 清洁工人看见了，就劝孩子："小朋友，垃圾要扔到垃圾桶里。"孩子不屑地说："我要是都扔到垃圾桶里了，还要你们做什么！"

一个人无论从事的是什么职业，收入如何，身体状况怎么样，他都希望得到别人的尊重。 尊重是一种美德，值得传承。 如果父母或者亲朋好友中有人不尊重那些身份、地位、条件比自己低微的人，那么孩子看得多了，也学会了不尊重他人。

比如，如果父母经常表现出对金钱、物质享受的羡慕和崇拜，那么孩子就会形成对金钱、物质的崇拜，从而对那些有钱的同学另眼相看。 在学校里，同学之间相互攀比的现象很普遍，如果孩子的同学中谁有缺陷，经常被其他同学谈论，那么孩子可能会跟着一起嘲笑这个同学的缺陷；如果老师不喜欢某个学生，那么孩子很有可能也会冷落这个同学。 孩子看到社会上一些人看不起身份、地位低微的人，那么孩子也会瞧不起那些职业不够光鲜、地位并不显赫的人。 比如，社会上有些人认为拾荒是低贱、卑微的职业，瞧不起拾荒者，孩子们因而也瞧不起这些拾荒者。

学校里同学之间的攀比、某些老师的看法、社会上其他人的看法，家长都无法管控，但家长可以管好自己，通过自己的言传身教告诉孩子："每个人不论家庭背景、职业、地位、钱多或钱少、成绩好或坏、健康或残疾……都是平等的，我们要尊重他们。 你给予别人尊重，别人才会尊重你，所以尊重别人也就是尊重自己。"

【好妈妈必读】

尊重是一种修养，一个人在对待他人时，无论对方是谁，都给予尊重，那么他无疑是有修养的。

有位妈妈是高级工程师，她经常在小区里碰到一位收废品的外地人，每次她都微笑着跟这位外地人打招呼。外地人有些受宠若惊，因为小区里住的都是这个城市的精英人群，很多人对他视而不见，而这位女士是唯一一主动跟他打招呼的人。孩子问妈妈："妈妈，为什么其他人都不理这位收废品的叔叔呢？"妈妈说："因为有些人认为自己的身份比他高贵。"孩子接着问："那妈妈认为自己的身份不比叔叔高贵吗？"妈妈说："是的，我们都是平等的。这位叔叔收废品是在工作，妈妈做工程师也是在工作，我们都是工作者，所以我们是平等的。"妈妈接着说："如果我们的条件比别人好，那么我们要尊重别人，不能瞧不起他们；如果我们的条件比别人差，那么我们要尊重自己，不能自己瞧不起自己。你明白吗？"孩子点点头。

这位妈妈用行动告诉孩子：人是平等的，身份、地位并不能成为判定一个人是高贵还是卑贱的依据，她教给了孩子——尊重。

尊重是一种心态，如果孩子习惯于外在条件的比较，那么在碰到比自己条件好的人时，就会产生自卑、羡慕、嫉妒等心理；碰到条件比自己差的人时，则会产生高人一等、妄自尊大、目空一切、傲慢的心理。无论是哪种心理都不利于孩子的健康成长。而抱着众人平等、尊重他人心态的孩子，则能做到宠辱不惊、保持情绪的稳定和心态平和。所以，父母要教孩子学会尊重他人。

父母是孩子的榜样，要教孩子尊重他人，父母首先要做到。处于人之下，尊重自己，不谄媚，不逢迎，不妄自菲薄；位于人之上，尊重他人，不嘲讽，不贬斥，不妄自尊大。

尊重体现在日常生活的点点滴滴之中：孩子跟年长者接触时，不管熟悉或者陌生，给予尊称而不是直呼其名，是尊重的体现；在商场里，看见清洁工人正在拖地，孩子连忙绕道，以免弄脏了刚刚拖干净的地面，是尊重的体现；孩子跟父母、长辈说话或者提要求时，不乱发脾气，语气平和，是尊重的体现……

尊重是一种习惯，不是一朝一夕能够养成的，所以父母要善于利用点滴小事，教导孩子尊重他人，尊重他人的劳动。

诚实是孩子最优秀的品质

【情景再现】

情景一：洋洋是一个 4 岁的小男孩。有一天，他不小心打碎了邻居家的花盆。当时邻居家没有人，洋洋就赶紧跑回了家，将这件事告诉了妈妈。妈妈听了后对洋洋说："既然没有人看到，如果有人问你，你就说不知道，千万不能说是你打碎的，要不，邻居会打你的，妈妈还得赔人家花盆。"洋洋按照妈妈的话做了，妈妈夸奖道："洋洋真聪明！"然而，洋洋的妈妈怎么也想不到，从这件事中，洋洋得出了一个结论："妈妈是喜欢撒谎的人，以后我不能对她说实话。"

情景二：一个 4 岁的美国小男孩在和几个小孩玩耍的时候，在邻居家的墙上画了很多画，把邻居家的墙画得乱七八糟的。看到邻居出来，几个小孩一哄而散。

回到家以后，这个小男孩心神不宁，害怕邻居会来找父母告状。吃饭的时候，他不像平时那样老老实实，吃两口抬头看看门边，只吃了几口饭就不吃了，跑回自己的房间不出来。

看到孩子的异常反应，小男孩的妈妈想，也许孩子遇到什么事情了。

于是，吃过饭以后，她就温柔地问他是不是发生了什么事。

在妈妈的循循善诱下，小男孩终于告诉了母亲发生的事情。

母亲听后，并没有责怪儿子，而是说："孩子，你觉得这件事应该怎么办呢？"

"妈妈，我知道应该去向邻居格林太太道歉。但是，我怕她会骂我。"

"孩子，做错了事就要承担责任，如果你不去道歉，只能说明你是一个不诚实的孩子，而诚实的孩子才是好孩子，你说是吗？"

"嗯，妈妈，你说得对，我应该向格林太太道歉，求得她的谅解。但是妈妈，你可以在门口看着我吗？"

"好的。儿子，去吧。"

五分钟后，儿子回到了妈妈的身边说："妈妈，你说得对，格林太太没有责备我，还说我是个诚实的孩子。"

看着儿子天真的面孔，母亲又说道："孩子，我们把别人的墙壁弄脏了，要怎么做呢？"

"哦，妈妈，我正要说呢，我要去把格林太太的墙壁擦干净。"

【情景分析】

从上面两个故事可以看出，在妈妈的影响下，第一个孩子将来可能不会具备诚实的品质，而第二个孩子则在妈妈的循循善诱之下，逐渐具备了诚实的美德。

《狼来了》的故事从古到今一直流传着。它告诫人们：一个不诚实、爱骗人的孩子，到最后一定会失去他人的信任而被狼吃掉。自古以来，中国就重视孩子的诚信教育，诚信是一个人立足于社会与事业发展的基石。在如今的社会里，人与人之间的竞争日益激烈与残酷，要使孩子立于不败之地，诚信已成为必须具备的一种品质。 那么，父母应该如何去培养孩子的诚信意识呢？ 父母可以说是孩子的第一任老师，是孩子的启蒙者，在孩子的思想和品德都尚未定格时，父母的一言一行都对孩子起着非常重要的影响。 要鼓励孩子善于表露自己的情感，不论孩子的情感是否正确，都要使孩子明白他不需要撒谎。 因此，当父母发现自己的孩子说谎的时候，千万不要着急、气恼，更不要不分青红皂白地把孩子训斥一通，这样是于事无补的。

有这样一个孩子，他的父亲爱赌博，每次回家以后怕妻子责怪，总是撒谎说干别的去了。 孩子耳濡目染，日久便也染上了撒谎的习惯。 有时候为了逃学，他就会装肚子疼。 家长给他钱让他买学习用品，他会骗父母说找回来的钱在路上丢了，其实是买零食吃了。 老师通知开家长会，他怕老师告状，撒谎说父母都出差了。

由此可以看出，孩子身上的优点或缺点与自己的父母有着密不可分的直接关系。 假如孩子身边都是诚信的人，孩子就不会学会撒谎，从而成为一个诚信的人，因为周围的环境在影响着他。

父母要能够从细微的地方，以自身良好的言语与行动为孩子树立榜样，给孩子制造诚信的氛围，从小培养他们的诚信意识。 比如，教育孩子不闯红灯、不随地扔垃圾时，父母都应以身作则。 父母还应注意不能出尔反尔，父母如果经常言而无信，会使孩子产生不信任感，并且被同化。

父母要让孩子树立诚信的观念，就应有意识地引导孩子思考诚信的问题，让孩子懂得什么是诚信，什么是欺诈虚伪，要旗帜鲜明地表扬诚信，批评欺诈虚伪。 要培养孩子从小明辨是非的能力。当发现孩子说谎时，应该像上面那个美国小孩的妈妈一样，引导孩子承认与改正自身的错误，对孩子诚信的表现要及时给予肯定和鼓励。

英国作家萨克雷曾经说过这样一句话："播种行为，可以收获习惯；播种习惯，可以收获性格；播种性格，可以收获命运。"孩子的父母便是在孩子诚信人生中播种的人。

【好妈妈必读】

王磊是小学一年级学生，聪明伶俐，惹人喜爱，但他却有个毛病——爱撒谎。比如，当他想要一只漂亮的铅笔盒时，他就对爸妈谎称是学校老师要求大家买的；当他去取冰箱里的东西吃，不小心把玻璃杯打碎时，他对父母谎称是家里的那只小猫咪干的；等等。诸如此类的事还有许多。王磊的爸妈惊呼："我们的孩子都成'谎话大王'了，这可怎么办？"

像王磊这样的说谎现象是目前孩子中普遍存在的。但孩子说谎的原因多种多样，表现的形式也是不同的。

一是幻想式谎言。这主要发生在幼小的孩子身上。这个年龄阶段的孩子具有很强的"神话编造才能"，他们往往无法分清想象与现实，经常会将自己的想象内容"编"进对现实的描述中。比如，到动物园玩了一天的幼儿回家后，当父母问他在动物园都看到了什么时，幼儿可能会将自己听来的童话里的动物也"放"进动物园，而自己对此可能毫无知觉。严格来说，这种幻想式谎言并不是真正意义上的谎言，家长无须过分担心。

二是夸大式谎言。为了吸引别人的注意，或者为了达到某种效应，孩子常常在真实的故事里"添油加醋"。

三是社交性谎言。成人为了拒绝一些应酬，同时又不伤人面子，会说一些"白谎"。类似的谎言一般不会对他人造成伤害，在生活中比较常见。孩子见多了以后，也会使用这种谎言。

四是补偿性谎言。当孩子没有达到父母或老师规定的目标（比如语文、数学考试得双百分），又想得到父母的赞美时；或者当孩子并不拥有某些东西，但又想在同伴中保持受崇拜的地位时，孩子往往用谎言来将自己不足的地方"补"上，从而达到自己受表扬的目的。

五是防卫性谎言。这种谎言在孩子身上最常见，而且大多数时候是被"逼"出来的。通常父母、老师对孩子的期望很高，或者父母习惯用严厉的惩罚来管教孩子，孩子为了逃避惩罚，就用说谎来挡驾。

六是逃避任务类的谎言。当孩子面临某些自己不喜欢的任务时，会用谎言来帮助自己逃避责任和任务。比如，当父母要求孩子帮忙做家务时，贪玩的孩子会欺骗父母说自己正在做作业，没有时间。

七是报复性谎言。这是孩子情绪的一种表现。当孩子对某人心怀不满时，可能通过谎言来向对方示威和挑战。比如，有些孩子对父母的管教不满，当父母问他放学后是否玩过游戏时，明明没有玩过游戏的孩子，可能故意说自己玩过游戏，以此激怒父母。

教育孩子要诚实，应该从以下几点做起：

（1）让孩子知道诚实很重要

明确告诉孩子你希望看到的是事实，向他说明真实是让人们相互信任的前提；父母、老师和同学都希望能一直信任他；有时候，我们每个人都想走捷径，但是，说谎只能给人与人之间的关系以及个人的形象带来危害；等等。

（2）让孩子不喜欢再有下次说谎行为

需要记住的是：你的职责是教育，而不是惩罚。家长可以和孩子一起讨论处理说谎问题的方式和方法，这比仅仅让孩子说声"对不起"更有意义，它可以让孩子明白：不是别人要惩罚他，而是他自己必须对自己的谎言负责。如果孩子想不出什么好办法，家长可以提供几种方案让孩子选择。

心理学研究表明，羞愧感和内疚感远比身体的疼痛感更能给人留下深刻印象。因此，让孩子对自己的行为感到羞愧和内疚是塑造孩子道德行为的有效途径。父母可以要求孩子采取让自己可能尴尬的措施来弥补自己的谎话，如要求孩子当众承认自己的错误并道歉。

（3）避免给孩子贴"标签"

不要给孩子贴上"谎话专家""吹牛大王"等标签。尽管有时候成人喜欢通过给孩子归类的方式来谴责孩子，但它造成的后果与我们的初衷背道而驰，孩子今后可能会更加"努力"地说谎。

（4）关注孩子的需要

补偿性说谎缘于没有得到满足的需要。家长应该与孩子结成同盟，和孩子一起来关注、满足这些需要。

如果家庭条件满足不了孩子的需要，应该向孩子说明，并对于孩子的物质需要表示理解，同时，向孩子保证父母会考虑孩子的需要，愿意和孩子一起努力，等等。然后，可以和孩子一起商量和讨论如何通过正确的途径满足自身的心理需要。

（5）示范诚实

有时候，孩子身上的缺点可能正是我们没有注意到的自身存在的问题。比如，如果孩子发现自己的爸爸妈妈常常以说谎来"争面子"，孩子可能会学习这种处理方式。因此，要克服孩子身上的毛病，父母首先要检查自己的行为方式。

（6）利用适当机会，促进孩子道德发展

当家长发现孩子说谎时，可能感到生气、恼怒和害怕。但不要忘记，这正是一个教育孩子的好机会，它可以让孩子明白诚实的重要性。

当发现孩子说谎的时候，不能只将它作为一次性事件处理就完了，而应该和孩子一起讨论道德问题。在讨论过程中，有一点需要注意：当孩子感到自己不是被讨论的对象时，他们会更加愿意接受讨论，也更能说出自己的真实想法。因此，家长可以通过一些虚拟的故事和人物来同孩子一起讨论。

让孩子学会感恩

【情景再现】

情景一："王老师，我想用您的手机给妈妈打个电话。"一个上学忘记带作业本的小孩对自己的老师说道。王老师帮这个学生拨好号码，电话接通了，"怎么还没有把作业本给我送来呀？"这位学生不耐烦地对自己的妈妈说。电话打完之后，这个小孩只把手机放在办公桌上，什么也没有说就转身走开了。

到了中午，学校食堂用餐的人很多，打菜的地方挤满了人。等了很长时间终于轮到王老师了，忽然，王老师看见旁边有个小女孩看起来十分着急的样子，就说："师傅，请先给这个孩子把菜打上吧！"说着便指了指挤在自己前面的那个小女孩。食堂的打菜师傅照着王老师的意思做了，女孩接过菜盆，转身与王老师擦肩而过时，脸上写着的分明是一种理直气壮。

情景二：在美国，有个 11 岁的盲女。那一天，是妈妈的生日，她就送给了妈妈一份礼物——一点一点地扎上盲文的生日贺卡。她的妈妈看不懂，就请人翻译，结果妈妈感动得泪流满面。贺卡上是这样写的："亲爱的妈妈，谢谢您把我养大！虽然我看不见您，但我永远爱您，感谢您——妈妈！"妈妈捧着贺卡哭了。

她感觉到自己为女儿所付出的一切都是非常值得的。

法国一个七八岁的聋哑女孩，有一天，她自己背着书包去上学，在公共汽车上人比较多，她差点摔倒。这一幕被一位男士看到了，他急忙上前扶了她一把。女孩上了车，刚站稳就向这位男士打起了手势，帮助她的男士并不明白是什么意思。过一会儿，男士要下车了，女孩连忙跑了过去，塞给他一张小字条。男士打开一看，只见上面歪歪扭扭地写着一行字：谢谢，谢谢叔叔！

其实，这两个小女孩之所以懂得感恩是与他们父母的言传身教有非常直接的关系的。

在日常生活中，这两个孩子的妈妈经常把"谢谢"这个词挂在嘴边，而且教自己的孩子要学会感谢别人的帮助，即便只是一个非常小的帮助，也要对别人说感谢。这样，孩子耳濡目染，自然就养成了感恩的习惯。

【情景分析】

中国自古以来就有施恩不图报的美德，也有知恩不报非君子、滴水之恩当涌泉相报的古训。感恩是每个人都应该具备的基本道德，也是一个人的起码修养，同时还是人之常情。懂得感恩分享，不仅是一种礼仪，更是一种健康的心态，也是社会进步、社会文明的充分体现。

日本一些学校特别重视对学生进行感恩教育。他们的感恩教育主要是讲父母养育了自己，自己应该感谢父母，应该如何去感谢父母；老师给予了自己知识，提高了自己的能力，自己应该感谢老师；如果他人关心帮助了自己，自己当然就应该感谢他人，这是无可辩驳的道理。这些看似朴素的感恩教育当中蕴藏着深刻的人文关怀。

感恩是一种美好的感情，没有一颗感恩的心，孩子永远不能真正懂得孝敬父母，理解帮助他的人，更不会主动地帮助别人。 不要把别人的帮助，视为理所当然，一个人应该懂得感恩。 习惯于感恩，就会使孩子拥有平和的心态和健康的心理；习惯于感恩，当孩子遇到种种失败、无奈时，都能勇敢地面对，豁达地处理；习惯于感恩，能诠释生命中的挫折与不幸，创造生命中的奇迹。

现在的孩子在父母无微不至的呵护与关爱下，所有的事情都不去干，在潜意识里就形成了——父母所做的一切都是应该的，不用回报。 有些父母对孩子不知感恩不以为然，他们认为孩子还没长大，以后长大了自然会懂得的，这样就形成了一种现象：父母为孩子任劳任怨，孩子却毫无感激之情，甚至还认为这是应该的。 尊老爱幼、孝敬父母作为良好道德修养的重要组成部分被忽视了。 父母的付出、他人的帮助和关怀在孩子眼里变得理所当然，谈不上什么感恩。 孩子不懂得爱父母，更不会体会到父母的辛苦，一旦孩子的要求得不到满足，就会怨恨父母。 所以，父母如果爱孩子，就要让他们从平常的生活小事中感受到爱，在爱中领略被爱。 当孩子渐渐长大，在遇到困难和挫折时，才会怀有一颗感恩的心。 感恩是一种爱的表达，可以使人感到愉悦和温暖。 让孩子拥有一颗感恩的心，学会感恩，就不会一味地怨天尤人，才有信心去面对生活的挑战。一个不知感恩父母的人，就更不可能感恩别人了。

【好妈妈必读】

感恩教育需要父母有意识地去教育孩子。 如果父母只知道奉献，而不知道把自己的劳动与付出呈现给孩子，孩子就无从感受到父母和社会对他的爱。 让孩子学会感恩，就是教他们懂得尊重他人，对他人的帮助时时怀有感激之心，而不是忘恩负义，从而让孩子生活得更美好。

父母培养孩子的感恩品德，要注重以下几方面的培养：

（1）让孩子知道人人都是平等的

父母在待人接物方面要做到公平、公正，使孩子感受到父母品德的力量，逐渐使孩子懂得尊重他人的劳动、尊重他人的人格，进而达到感恩父母、感恩社会、感恩祖国。

要想让孩子从小学会感恩，父母要让孩子感觉到家里人人都是平等的，孩子并没有什么特殊性、优越性。

（2）让孩子学会自理

要让孩子学会自理一些力所能及的活，体会劳动是辛苦的，享受劳动成果是快乐的。

（3）让孩子学会理解他人

感恩之心产生于理解，一个不能正确认识自己、狂妄自大的人是不会有感恩之心的；一个不能正确理解他人善意的人也是不会有感恩之心的。

（4）不能对孩子百依百顺

一些父母对孩子的要求百依百顺，特别是在物质上不断满足。结果过分的宠爱，无休止的满足，渐渐地使孩子养成了自私自利、任性乃至放荡不羁的个性。他们自负地认为自己无所不能。因此，培养孩子感恩的品质，就不能对孩子百依百顺，要让他们知道自己现有的一切都是父母的劳动得来的。

（5）多用"谢谢"这个词

在生活中使用频率最高的词应该是"谢谢"，父母应该让孩子感谢身边值得感谢的一切，即使是递张纸这么简单的事。"谢谢"这个词，每位家长和孩子都应该学着去多说。

（6）学会分享和给予

常言道："施恩于人共分享。""送人玫瑰，手留余香。"人生在世，要学会分享和给予，养成互爱互助的行为习惯。给予越多，人生就越丰富；奉献越多，生命就更有意义。

建立孩子的责任感

【情景再现】

玲玲今年已经读小学五年级了，可是却还像小孩子一样，凡事都要父母再三叮咛嘱咐，否则就不会主动做好。比如，早上一定让父母多次喊叫才会起床；衣服不替她准备好，她就不知道该穿哪一件；早饭时，父母不催促就吃得很慢，以致上学迟到；文具经常忘在家里，还要麻烦父母送到学校。最让父母生气的是，她做事没有责任感，不是经常推说忘了，就是虎头蛇尾。每次父母批评她，她都能接受，但事情过后，又故态复发，父母为此整天抱怨没有办法。

班主任赵老师为了鼓励玲玲，让玲玲当了小组的组长，负责值日时的卫生和平常小组人员的纪律管理。谁知，没过几天，玲玲就被小组全体组员"弹劾"了，原来，玲玲每到值日那天，总忘记安排分工任务，结果，竟然连黑板都没有擦。还有一次，组里的调皮大王去揪前排长辫子女生的辫子，玲玲虽然看见了，却什么也没说，气得长辫子女生大哭起来。组员们一致认为，玲玲没有尽到组长的责任，要求重选小组长。玲玲看到同学们这样批评自己，急得直哭，一边哭一边委屈地说："我真不知应该怎么做呀？"

【情景分析】

　　玲玲的例子反映了她的依赖心，没有责任感，这在现实中经常可以看到。很多父母埋怨现在的孩子依赖心理特别强，而应变能力及处事能力特别弱，不仅无法替父母分担一些事情，甚至连日常生活如起床、上学、做功课等，都要父母催促、督导，否则就会拖延、偷懒。

　　事实上，孩子做事没有责任感，主要是父母没有给孩子担负责任的机会，让他去承担不负责任的后果。比如，孩子早上因赖床而上学迟到，那么他就应当承担被老师责罚的后果，而不能将责任推卸给父母。当然，在此之前，父母必须先教孩子如何主动早起，并给他一段学习与适应的时间。或是给孩子一个闹钟，并教他如何使用，然后告诉他主动起床的原因及必要性；或是和孩子约定，父母固定在几点钟时叫醒他，如果他不愿意立即起床，父母将不会再继续催促他，后果将由他自己负责。为了帮助孩子顺利养成主动早起的习惯，父母可在晚上提醒孩子早点睡，并且事先和学校老师取得联系，让老师了解你的用意而能够配合你。

　　同样，孩子因早餐吃得太慢而迟到，主要是孩子缺乏时间概念，因此父母应当先教孩子如何分配及运用各项例行公事的时间。在适应阶段里，父母可以协助孩子订立时间计划表，并提醒孩子是否动作太慢，是否超过了预定的时间，过了一段时期后，父母就无须再督促孩子。

　　案例中忘了带文具去学校这类事，是很多孩子常犯的毛病，如果父母随时替孩子做"限时专送"的工作，久而久之，孩子也会养成依赖的心理。父母不妨指导孩子在桌前准备活动式的记事栏，每天放学后用彩色笔在上面登记明日要携带的文具，第二天上学前再检查一遍，养成习惯后自然就不会忘了。

【好妈妈必读】

培养孩子的责任心，可以先训练孩子养成良好的生活习惯，具体可从以下几方面做起：

（1）有意识地交给孩子一些任务，锻炼孩子独立做事的能力。随着孩子年龄的增长，爸爸妈妈要逐步教孩子自己的事情自己做。做之前提出要求，鼓励孩子认真完成。如果孩子遇到困难，家长可在语言上给予指导，但是一定不要包办代替，让孩子有机会把事情独立做完。

（2）鼓励孩子做事情要有始有终。孩子好奇心强，什么都想去摸摸、去试试，但是随意性很强，做事总是虎头蛇尾或有头无尾。所以交给孩子做的事情，哪怕是很小的事情，爸爸妈妈也要有检查、督促以及对结果的评价，以便培养孩子形成持之以恒、认真负责的好习惯。

（3）可适当地让孩子了解一下父母的忧虑和难处，提出一些问题，引导孩子独立思考和选择，大胆发表自己的见解。让孩子感到家庭的美满幸福，要靠爸爸妈妈和自己的共同参与，进而增强孩子对家庭的责任心。

（4）鼓励孩子勇敢地承担责任。比如，孩子跟着爸爸妈妈在朋友家做客，不小心损坏了物品。这时应该让孩子知道，是由于自己的过错，才造成了这种后果，应当给予赔偿。之后一定要带孩子一起买东西去朋友家道歉。

每一位父母都是爱子女的，但是在慈爱的态度下，还必须有坚决的行动相配合，才能使教养的方法落实于生活中。

◆ 如何让孩子懂得感恩 ◆

让孩子知道人人都是平等的

> 不可以乱丢垃圾，这是不尊重保洁阿姨劳动成果的表现。

让孩子学会自理

> 亲爱的，你长大了，要学会自己收拾房间哦。

多用"谢谢"这个词

> 你去帮妈妈把帽子拿来好吗？谢谢你。

教孩子学会分享和给予

> 这是妈妈新烤的蛋糕，你帮我去拿给隔壁的花花一家。

高情商家教思维

1. 反思一下，你在孩子面前是否有攀比、虚荣的表现？

_____

_____

2. 如果孩子对你说："你要是像小云的妈妈赚得一样多，我就能像她一样去各地旅行了。"你该如何回答她？

_____

_____

3. 你认为可以从哪些小事中培养孩子尊重他人的品质？

_____

_____

4. 记录本周和孩子间一次令人记忆犹新的对话。

孩子：_____

妈妈：_____

孩子：_____

妈妈：_____

5. 如果你发现孩子为了获得零用钱编造了一些诸如"学校要求购书"的理由，你该如何应对？

_____

_____

6. 你该如何教孩子把握撒谎与善意的谎言之间的界限？

_____

_____

第三章

调适心理，妥善解决孩子的心理问题

任何一个父母都希望自己的孩子健康成长，但又必须看到，并不是每个孩子都拥有健康的身体和心灵，而原因自然与教育方式有很大的关系。尤其在心理方面，我们不能不承认，孩子存在着许多心理问题，自卑、焦虑、抑郁、紧张、恐惧等，每一种心理问题都是我们不愿意看到的。要解决这些问题，自然就需要父母走进孩子的内心，用爱、用关怀去"医治"他们。

消除孩子的自卑心

【情景再现】

小雪现在在重点中学读初二，有一次和妈妈谈心的时候说自己非常的自卑。妈妈急忙追问原因，小雪才哭着诉说起来。原来，因为小雪的身高不高，长得也很平常，对班里的同学，特别是男同学来说一点吸引力都没有。而她的同桌则是一位非常漂亮活泼的女孩子，和班里的男生关系特别好，一下课就和班里的男生说笑、打闹，剩下小雪一个人坐在座位上，显得格外的孤单。其实小雪也非常想和班里的同学一起玩，但是又觉得自己对于别人来说一点都没有吸引力，所以只能以羡慕的眼光看着同桌，一个人孤孤单单地上学、放学。妈妈听了之后觉得非常心疼，怎么改变小雪的思想，让她不再自卑呢？

【情景分析】

　　其实，这种自卑的丑小鸭思想在中学生甚至大学生中都非常普遍。因为这个世界上总有些人相貌平平，第一印象比不上那些长相美丽的人有吸引力。正因为小雪的平凡，所以她一方面看见同桌与别人一起兴高采烈地玩感到羡慕，另一方面却害怕自己遇到冷遇就把自己深深隐藏在人群后面。另外，小雪将自己与漂亮开朗的同桌进行对比，就更加觉得自己不如人，加重了自卑感。

　　自卑心理是一种因过分的自我否定而产生的自惭形秽的情绪体验。自卑感是一种常见的心理现象，几乎人人都会在某个时刻表现出一定的自卑感，不过只有当自卑达到一定程度，进而影响到学习和工作的正常进行时，才归之为心理疾病。

　　自卑是人的自我意识的一种表现。自卑的人往往不切实际地低估自己，只看到自己的缺陷，而看不到自己的长处。自卑的人，由于对自己各方面的评价都过低，所以害怕得不到别人的尊重，但又感到自己哪里都不如别人，丧失了实现自我的信心。自卑会使人背上沉重的思想包袱，丧失前进的动力，进而影响人的一生的发展。

　　产生自卑的原因是多种多样的，一般来说，主要有以下几个方面的原因：

　　第一，生理方面的原因。对自己的身体素质感到不满意，如与别人比较时，觉得自己在身高、长相、体态、肤色等方面不如他人而导致自卑。这种生理自卑在青少年当中最为常见的外部形象更是他们进行自我评价的重要方面，女孩会倍加关注自己的长相、身材和皮肤，而男孩经常忧虑不安的是他们认为自己的身材不够高大，脸上长痘及体重超重等。尤其是男生会把身材高大与男子汉的形象联系在一起，所以身材矮小的男孩常常有种强烈的自卑感。文中小雪就是这种情况。

第二，遭遇挫折和心理创伤。争强好胜，和别人比着干，是青少年的一大特点，一旦他们在竞争中屡遭挫折，就会产生心理创伤，产生自卑心理。

第三，性格因素。生性豁达、开朗的孩子一般不会产生自卑心理，而内向的人则比较容易产生自卑。有些青少年由于学业上、工作上成绩平平，无出色表现而过于低估自己的才智水平，甚至导致对整个自我的认识消极，认为自己"处处不如别人"，于是在交往中过于拘谨，放不开手脚，总担心自己会成为别人嘲笑的对象。

第四，家庭教育问题。在家庭教育中，有的父母对孩子过于苛求，若孩子稍有失误，父母就大加指责，甚至打骂，久而久之就会造成孩子对自己的能力产生怀疑，形成一种自卑的自我评价系统。有的父母爱拿孩子和他人攀比，经常拿别人孩子的长处和自己孩子的短处比，这也容易让孩子越来越自卑，并产生逆反心理。还有一些父母对孩子过于溺爱，习惯包办代替，使孩子体验不到成功带来的自豪，缺乏表现自己的机会，从而造成孩子自卑。

第五，需要得不到满足。一个学生如果在集体中经常被冷落、轻视和嫌弃，得不到同伴的友谊和关心，就会感到伤心和自卑。

第六，家庭影响。有的孩子家境贫寒，在物质方面不如别人，从而可能产生自卑。还有的家庭不和睦，也容易导致孩子的自卑心理。

【好妈妈必读】

帮助孩子走出自卑的阴影，可从以下几方面入手：

（1）鼓励孩子走进同学中去

小雪其实走入了一个自卑的怪圈——因为自卑，不敢和同学交往，因为没有同学和她交流，就更加自卑。 要改变这种心理，最简单有效的方法就是让小雪主动地走进同学中。 可以鼓励小雪课间的时候与同学们多说话，放学的时候主动和同路的同学一起回家，交流一些学习生活中的信息。 如果小雪害怕与她的漂亮同桌进行对比的话，可以先让她与一些同样平平常常的孩子接触、交流，等到有足够的自信的时候再去扩大交往的对象。

（2）让孩子看清楚自己的优点和长处

莫泊桑曾经说过："漂亮是女人的财富，然而并没有人限定只有漂亮才是女人的唯一财富。"所以，要让小雪明白，每个人都有自己的长处和短处，如果总拿自己的短处和别人比的话，会越比越自卑。 可以让小雪在纸上写下自己的优点和缺点，即使是很小的优点都不要放过。 然后和别人比一比长处，比如，成绩优异、丰富的文学知识、很好的文采等，这些是同桌所不具有的，是自己独有的资本。 而且，完全可以将自己的优点巩固和发展，使自己也有让人瞩目之处。

如何让孩子告别孤僻

【情景再现】

开学已经一个星期了，有些同学的家长和老师还不认识，于是宋老师决定对同学们进行一次家访。

今天该到任冰同学家去了。

"任冰。"宋老师在改作业的同时喊了一声，但没有人回答。

"任冰。"宋老师以为孩子没听见，又亮开嗓门喊了一声，但还是没有人回答。

"任冰同学在吗?"这次宋老师放下手中的红笔,扫视教室的每个地方,这时候才见任冰慢吞吞地从座位上站起来,不过还是没回答。

"任冰,老师今天准备去你家,高兴不高兴?"

任冰只是点了点头,没有说话,脸上也没有一点儿笑容。

这孩子怎么了?是不舒服吗?按理说,一年级的小朋友,一听说老师要去自己家,都会兴奋得手舞足蹈,可她怎么一点兴奋劲都没有。

晚上放学后,宋老师和任冰一同回她家。路上,任冰也不说话,宋老师问她五句,她连两句都回答不上,只是板着脸孔,让人无法接近,不知道这小丫头心里想些什么。

到她家后,见到了她的父母。任冰也只说了一句:"妈妈,我们老师来了。"然后便进了自己的小屋,独自写起作业,爸爸妈妈喊了她几遍也没出来。

任冰的妈妈性子比较急躁,一看女儿这样,非常生气:"怎么生这样一个孩子。上幼儿园时就不理睬小朋友,现在上小学了还是这样,平时见到亲戚朋友也像不认识一样,真拿她没办法。"

"任冰比较特别一些,她上课不太爱吱声,下课也很少跟同学们一起玩,同学们拉着她的手玩,也是一会儿就不见了,她只喜欢一个人在墙角偷偷地看,自己无法融入到集体的欢乐中。"

宋老师试着拉她的手出来一起说说话,可是她还是不肯出来,妈妈要不是碍于老师在,差点打了她。

【情景分析】

在我们身边,总有像任冰这样的一个小群体,他们是一群性格内向、胆小谨慎，从小不善言辞，好像天生就不善于交往的孩子们。 这是一群令家长和老师都头疼的孩子。

难道他们真的天生就是这样孤僻吗？ 并非如此。 实际上，每个孩子都有交往和渴望被人认可的需要，尤其是那些刚入学的新同学，更是渴望老师的认可和同龄伙伴的喜欢，所以看起来孤僻的孩子，并不一定天生如此。

孩子们在相互的交往中，往往会表现出不同的交往能力。 有的孩子性格外向，爱说爱闹，不甘寂寞，更不惧怕生人，他们能灵活地找到话题和活动内容，很快就能与陌生孩子打得火热；还有一些孩子，他们常常不愿意在人多热闹的场合出现，尽管他们也希望有很多朋友，但却无法做到，常常被孤独困扰。 这样的孩子往往羞怯胆小，缺乏自信，不敢主动接近同伴，也不会运用面部表情、肢体语言等与人交往。 久而久之，他们的性格就会变得孤僻，沉默寡言，像在大海中漂浮的小舟一样，孤独地学习、生活、自娱自乐。

孤僻的孩子常常会在心理倾向与行为方式上，不自觉地将自己同周围的环境疏远开来，并尽力逃避与外界的联系，尽量减少和避免与他人交往，这是一种性格的缺陷。 性格孤僻的孩子，会因长期缺乏友情，思想情感得不到及时的交流与宣泄，最终形成多种精神疾病。

那么，孩子为什么会变得孤僻呢？

先问问你自己，是不是一忙起来的时候就无暇顾及孩子的需要，甚至包括生活上的一些简单需要？ 比如，孩子今天很想让你陪他一起做一会儿作业，可你却因忙于应酬而拒绝孩子的要求。 久而久之，孩子会觉得你不重视他的需要，你不关心他，于是便不再愿意把心里话告诉你。 时间长了，孩子就容易变得孤僻。

你每天也是在为家庭、为孩子的幸福而忙碌奔波，但是，在创造优厚的物质生活的同时，别忘了关心一下孩子的精神生活。 一些家长平日里忙于应酬、工作，对孩子漠不关心，或者在外边受了气后，回来将气发泄在孩子身上，对孩子态度粗暴，缺乏耐心；有些孩子本来只有一点孤僻的倾向，而家长却因他表现不如别的孩子，就对他大肆指责，甚至大施拳脚，结果使倾向演变成真正的孤僻。

【好妈妈必读】

过度孤僻对孩子的身心健康是极为不利的，如果你的孩子有类似的倾向，那么你要及时找出原因，并采取有效的方法加以辅导和帮助，尽快拆除孩子心中的高墙，让孩子走出孤僻。

对于有孤僻倾向的孩子，最有效的办法就是父母要对其多一份爱意。 不要再用"大棒政策"教育孩子了，试着站在孩子的角度，了解和体谅孩子内心的苦衷，用充满爱意的语言安抚孩子。 在日常生活中，不要只顾着给孩子买这买那，而要多关心孩子的内心需求，从多方面对孩子的性格和心理进行培养。

（1）关注孩子的心理

从为人父母的第一天起，对孩子的心理关注就应该开始了，甚至包括对幼年时期孩子的心理教育。 在平时，多抽点时间培养孩子对新事物的兴趣，保护孩子的好奇心和求知欲望，不要总是打击孩子，认为他这也不行，那也不对。 同时，要不失时机地帮助孩子掌握探究新知识的方法，鼓励孩子大胆想象，甚至可以异想天开。

在处理家庭关系、友情关系以及同伴关系时，父母们最好能多与孩子的老师和同伴合作，帮助孩子形成合作意识，掌握合作技巧，并以此获得人际关系支持和相应的人际地位。 别忘了给孩子足够的重视，给他以表达和宣泄的机会，同时要让他能够体察他人的情绪，控制自己的情绪。 在孩子的学习、游戏和生活等活动中，要有意识地培养孩子面对困境时的反应能力。

（2）帮孩子找知心朋友

当你遇到不开心的事时，一定愿意将心中的苦闷、忧虑、悲伤以至愤懑等告诉自己的知心朋友。孩子也一样，他们有不愉快的事，也愿意说给朋友听。因此，孩子的朋友恰恰是解决这些令人头痛问题的能手。

但是，一些孩子因为胆子比较小，不善于交往，朋友自然非常少，即使他们很希望倾诉，却也找不到人。这时候，你就要鼓励孩子相信自己，肯定其惹人喜爱的品质，让其多交些朋友。如果孩子在人多的地方觉得不自在，不愿意与同伴沟通，在小范围内才能够放松，你可以为孩子创造与他人交往的机会，比如邀请与孩子比较合得来的朋友来家里玩，在自己的家里，主人的地位会给孩子增添交往的自信。同时，你还可以教孩子一些与小伙伴交谈的技巧，如怎样与朋友一同分享，哪些话会伤到朋友等。当孩子逐渐有了朋友之后，你就能发现孩子的性格会有所改善。

（3）有意识地锻炼孩子

有意识地锻炼孩子，可以强化他与人交往的能力，比如把家里的一些"外交"任务交给他去做，请他帮着给邻居送东西，叫他到楼下拿信件，或者给客人倒杯水等。但是不要过分地给孩子增加压力，强迫孩子在客人面前表现，这会使孩子感到更加难为情。另外，也不要随便给孩子"贴标签"，比如当着客人的面说"这孩子太胆小了"或"他天性不合群"，这对孩子来说，不仅不会改变他的孤僻性格，反而还强化了他的行为，使他认定自己原本就是这样的，以致更加远离群体，不善交往。

（4）尊重孩子的行为

就算你不喜欢孩子孤僻的性格，也要尊重他，不能说孩子不喜欢交往就是缺点，其实大半性格孤僻的孩子是性情使然，他们能够在清净中自得其乐，这是他们的一种生活方式。作为父母，你们要做的就是主动和这类孩子沟通情感，充分满足孩子的亲和欲，比如同他握手、擦背、贴脸拥抱、讲话以及玩各种游戏等，来满足孩子感情的需要，加强与孩子的沟通，逐渐拆除他心中的高墙。

（5）进行适当的心理治疗

很多孩子因为父母教育不当，过多地被限制参加正常的集体活动，或被父母经常打骂、恐吓等，或父母关系不和，家人远离，遭遇各种意外等，从而产生严重的精神创伤，这也是造成他们孤僻的重要因素。如果你打算对孩子进行治疗，恐怕不是一时半会可以见效的，这时最好寻求心理医生的帮助，找出要害因素，改善教育方法，引导孩子多参加集体活动，增加生活兴趣，从而改变其孤僻的性格，促进其健康快乐地成长。

让孩子告别"选择性缄默"

【情景再现】

小宇从小就是个胆小的孩子，很怕见陌生人，平时家里来了客人，他总是躲在自己的小房间里不出来。有时候，妈妈带他到公园里散步，他总是躲开其他小朋友，一个人自顾自地玩。妈妈只当他是胆子小，未曾引起重视。

上小学以后，小宇上课认真听讲，老师布置的作业都按时完成，但他上课却从不回答老师的提问，下课的时候不愿和别的小朋友一起做游戏、交流，班里组织的各种集体活动也不愿参加。时间长了，小朋友都觉得他很孤僻、不合群，所以都不和他玩了。老师发现情况后，先让班长和他交朋友，可当班长和他交谈时，小宇不是用点头、摇头等动作来表示，就是用"笔谈"的方式和班长沟通。

老师无奈之下，将小宇这一情况通知了他的父母。父母很惊讶，因为小宇在家的时候很正常，经常跟他们讲一些学校里的趣事，还有说有笑的，并没有发现像老师说的那种情况。小宇父母很纳闷，怎么小宇在家和在学校判若两人呢？

【情景分析】

实际上，小宇是患上了选择性缄默症。缄默症是指言语器官无器质性病变，智力正常，但表现出顽固的沉默不语。此症被认为是小儿神经官能症的一种特殊形式，多在3~5岁时出现。

根据孩子在不同场合的不同表现，缄默症可以分为两种类型：一种是全面性的缄默症，就是不管在何种场合都不说话，或者拒绝说话；另一种是选择性缄默症，是指孩子在获得言语功能后，因精神因素而出现的、在某些社交场合沉默不语的症状。缄默症并非言语障碍，而是一种社交功能性行为问题。

选择性缄默症多发生于儿童阶段，这个阶段的孩子有正常的言语理解及表达能力，但在公众场合拒绝讲话，越鼓励他们讲话，越是缄默不语；有些孩子在学校里不怎么说话，但回到家就特别能说；见到亲人或其他孩子时，会说话，但有其他人在场时，立即低头不语，有时仅用手势、动作来交流，如摇手、点头等简单的反应。他们的言语表达在场景上和对象上有鲜明的选择性，其中，约70%的孩子还伴有其他情绪和行为问题。

选择性缄默症多发生在敏感、胆怯、孤僻的孩子身上，女孩比男孩多。

研究发现，孩子患缄默症与其自身的性格、家庭环境、心理因素以及发育因素有关。平时父母过分溺爱、保护，初次离开家庭，环境变动均可引起缄默症，部分也与遗传因素有关。也有人认为，孩子是因为感到不安，为了保护自己而保持缄默的。

【好妈妈必读】

对于儿童缄默症，专家建议应该尽量以心理治疗为主，药物治疗为辅。

父母要为孩子创造一个良好的生活和学习环境，鼓励他们积极参加各项集体活动，逐渐消除孩子陌生、紧张的心理状态。

要尽量避免对孩子的各种精神刺激，要培养孩子广泛的兴趣爱好和开朗豁达的性格。

当孩子沉默不语时，不要过分注意其表现，避免造成紧张情绪进一步升级，甚至出现反抗心理。可以采取转移法，如父母陪孩子游戏、外出游玩，分散其紧张情绪。

平时在情绪松弛的情况下，只要孩子张口讲话就给予奖励和鼓励；也可以用孩子最需要、最喜欢的东西作为奖励条件，用行为矫正的方法让孩子说话。

此外，还可以运用药物治疗。对一些症状较重的患儿，可在医生的指导下服药。

为抑郁的孩子找回欢乐

【情景再现】

"茜茜，该起床了，要不上学就要迟到了！"

几分钟过去了，女儿的房间里还是没有动静。妈妈看看表，已经快 7 点了，如果再不起床，上学就迟到了，于是赶紧又去敲茜茜的门，叫她起床去上学。

敲了半天的门，里边才传出女儿很不耐烦的声音："我不想去上学，我今天还是不舒服。"然后任妈妈怎么叫也不开门、不说话。

茜茜今年 12 岁，上五年级，已经是个亭亭玉立的大女孩了，成绩还不错。可是前段时间，茜茜突然变得闷闷不乐、少言寡语起来，有时候还精神不振，整天一副睡不醒的样子，学习成绩也逐渐下降。

这几天，茜茜总说自己不舒服，不想去上学，妈妈要带她去医院，她显得很不耐烦，不肯去，妈妈没办法，只好帮她跟老师请假。但在家里，茜茜也只是闷在自己的小房间里，只在吃饭的时候出来吃点东西。

昨天，妈妈实在没有办法了，便给茜茜的班主任打电话，询问女儿的情况。原来前段时间，学校评"三好"学生，本来每年都会当选的茜茜，这次却落选了。从那以后，她便变得沉默寡言，下课也不爱和同学们一起玩了，上课总是走神，学习成绩逐渐开始下降。这不，这几天连学都不肯去上了。

妈妈真不明白，不就一个"三好"学生嘛，至于引起女儿这么大的反应吗？这孩子的心理，可真难让人懂。

【情景分析】

对于大多数孩子来说，快乐应该是无处不在的。但在我们身边，也有少部分孩子像茜茜一样，整天感到烦闷、抑郁，甚至还会产生厌学等不良情绪，这不仅会影响其智力的开发和身体健康，还使其做任何事都不能安心，整日愁眉苦脸。 在学校里，热闹的地方找不到他们的身影，其往往藏在同学的身后，没有笑脸，连同学都不愿意跟他们一起玩；在家里，他们也很少与父母说话，喜欢缩在自己的小房间里，如果遇到不满意的事，更是闷闷不乐。 这样的孩子，别说同龄的孩子了，就连成年人也不愿意接触他，觉得这孩子不活泼，难以靠近。 这类孩子如不能及早改变，很可能就会出现抑郁心理，长大之后可能会发展成为悲观主义者，甚至引发严重的心理疾病。

抑郁情绪对孩子的身心发展十分有害，它是一种消极的复合性负面情绪，包括悲伤、恐惧、焦虑、痛苦、羞愧、自罪感等，它使孩子的心理过度敏感，对外部世界采取回避、退缩的态度。

导致孩子出现抑郁情绪的原因是多方面的，既有孩子自身气质问题，也有家庭教育因素，因此在孩子成长过程中，父母培养孩子健康的心理是非常重要的。 缺少了这一环节，将会使孩子走进抑郁的情感世界。

有一对夫妻离异了，结果他们的行为对 6 岁的儿子造成了严重的心理伤害。 这个孩子平时与妈妈生活在一起，可他非常想念他爸爸。 在学校里，他不和其他孩子一起玩耍，学习成绩也越来越不好。 他妈妈尽管对此很担心，但却没有采取措施。 直到有一天，她发现儿子要上吊自杀，才意识到问题的严重性。 当时，儿子抬起头看着妈妈，说他想自杀，这几乎让妈妈震惊到了极点。 这个事例尽管有些耸人听闻，但却充分说明儿童抑郁的危害性。

尽管并不是每个孩子都有患抑郁症的可能，但也应该引起父母们的特别警惕，如果父母对自己的孩子有这方面的担忧，就应该及时带去咨询或看心理医生。

【好妈妈必读】

生活告诉我们，要使孩子健康成长，最好的办法就是让他感到快乐。孩子的抑郁情绪肯定是不会令其快乐的，不仅如此，孩子的情绪还会给家庭笼罩上一层阴影。

作为父母，如何帮助孩子"拨开乌云见太阳"呢？如何正确引导孩子走出抑郁情绪呢？可从以下几方面做起：

（1）营造良好的家庭氛围

有些父母常常因为忙于工作，只把家当作休息和睡觉的地方，还有的父母经常在家中说一些消极的话，比如对社会的不满，自己受到不公平的待遇等，这些都会影响孩子心理的发育，孩子在少年时代常常感觉不到快乐，从而会出现消极抑郁情绪。

另外，父母之间感情冷淡甚至出现争吵等不良的家庭氛围，会给孩子的情绪带来负面影响。还有些父母把孩子的分数看得过重，也容易导致孩子抑郁情绪的出现。

对于孩子来说，家就是他的全部，所以一个温馨的家可以培养一个快乐的孩子。尽管工作很重要，但孩子的教育也同样是个大问题。因此，平时你最好将那些没意义的应酬推掉，多抽点时间陪孩子，比如和孩子一起看喜剧、小品、动画片等，或听激动人心的音乐，让笑声驱散抑郁的情绪，让激动人心的乐曲带来生机。父母的关心和爱护，以及温馨的家庭氛围都会使孩子的情绪变得快乐起来。

与此同时，父母还要给孩子树立榜样。父母的任何言行都会被孩子看在眼里，同时也是孩子的模仿对象。因此，作为父母，对人生、生活、挫折等要有正确的观念、承受力及应对良策，即使面临极大的困难，也应传递给孩子克服困难的勇气。如果一遇到困难，便唉声叹气，或者痛苦不堪，那么这种情绪就会传染给孩子，让孩子也感到压抑，从而影响孩子的情绪。

（2）让孩子合理宣泄烦恼

如果孩子长期处于一种消极的情绪中，肯定会影响其健康成长。 所以当孩子遇到困难时，你要帮助他淡化压力，让他学会达观，告诉他人生不可能万事如意，不必把一时的困难看成永久的障碍，许多困难都可以克服，烦恼也都会烟消云散。 有的人之所以一生快乐，并不是因为一帆风顺，而是他们的适应力强，拥有好心态，能很快振作起来，以此来鼓励孩子走出困境。

当孩子被不良情绪缠绕时，你还要主动教给他一些宣泄情绪的合理"小窍门"，比如，允许他大哭一场，或做一件自己喜欢的事情，还可以同好友一吐衷肠，等等。 总之，告诉孩子，不要将烦恼锁在心中，而应经常高唱"快乐属于我"。

此外，记日记也是孩子倾诉内心烦恼的方式。 父母一定要尊重孩子，不要去偷看，留一个空间给孩子，让他尽情地宣泄，这对排解抑郁是很有帮助的。

（3）经常检查自己的情绪

有的父母自己有抑郁、焦虑的情绪，在和孩子沟通的过程中，无法理解孩子的思想，这就容易导致孩子的抑郁情绪。 如果父母本身是一个快乐开朗的人，那么他就能够用更宽容的心去理解孩子。所以，作为孩子的启蒙老师，你也要经常检查自己的情绪。 因为你本身固有的某种个性弱点也会带到和孩子沟通的过程中，所以一定要注意自己本身的个性局限，以便能够顺畅地和孩子沟通。

◆ 如何让孩子走出孤僻 ◆

关注孩子的心理状况

你今天看起来郁郁寡欢的，学校里发生什么令你不开心的事情了吗？

帮助孩子找到知心朋友

咱们刚搬到新家，我和爸爸打算在周末邀请附近的小朋友来家里玩，你要好好招待他们。

有意识地锻炼孩子

同事给妈妈新拿了一些大闸蟹，家里吃不完，你帮我送一些给隔壁王叔叔，好不好？

尊重孩子的行为

妈妈抱。

高情商家教思维

1. 孩子近期是否出现了如下的心理问题：自卑、焦虑、抑郁、紧张、恐惧？ 具体有何表现？

_____

_____

2. 如果你的孩子因为外貌不够完美而感到自卑，你该如何帮他疏导这种负面情绪？

_____

_____

3. 你认为孩子在什么情况下需要寻求专业的心理治疗？

_____

_____

4. 反思一下，家中是否有可能会引发孩子抑郁情绪的家庭教育因素？ （如争吵、抱怨等）

_____

_____

5. 合理宣泄情绪对于保持孩子的情绪平稳很重要，妈妈可以教孩子哪些技巧？ （如大哭一场、同朋友倾诉等）

_____

_____

6. 本章最令你记忆深刻的一个技巧是什么？

_____

_____

自立篇

好妈妈懂得培养孩子的生存能力

父母们应该意识到：孩子终究有一天要离开父母精心呵护的羽翼，要在外面的天空自由地翱翔。 他们要自己去生存，要自己去发展。 为了让孩子在今后的社会生活和竞争中立于不败之地，基本的生存技能是必不可少的。 家长们的职责和任务就是教会孩子们学会生存。

第一章
交际能力：教孩子怎样与人相处

人是社会性动物，只要活着，就得与外界发生各种各样的联系，在与他人联系的过程中，学习他人的长处，学会情感交流。 一般来说，和他人融洽相处者的内心世界较为光明美好，也比较容易获得他人的帮助，进而取得成功。 所以，家长们应该有意识地给孩子提供和别人相处、交流的机会，走出自我封闭的误区，让孩子学会如何与老师、亲属、朋友正常交往，并注意孩子在交往中所表现出的优点、缺点，以便及时进行教育。

塑造孩子彬彬有礼的气质

【情景再现】

刘畅是一位品学兼优的学生，他的父母是这样教育他的：

在早期教育中，他们除了开发他的智力外，也同步进行着文明行为的训练，培养孩子彬彬有礼的习惯。比如，饭桌上，孩子不小心把饭粒掉在地上。父母会握住他的小手，一边轻轻拍打其手心，一边提醒他不能再掉了。饭后，孩子要保姆替他取水，父母提醒孩子，不该随意让别人帮自己做事，若是非麻烦别人不可，一定要说"请""对不起""麻烦您""谢谢"等礼貌用语。

凡是见过刘畅的人都说他气质好、彬彬有礼、落落大方，这也是从小到大逐步养成的。刘畅的父母从刘畅学会说话，能够听懂一些简单的提示和要求时起，就有意识地在各种场合下告诉他应该怎样做。比如，早晨离开家时，要和家里人说"再见"，到了幼儿园要问"阿姨好""小朋友好"，等等。刘畅是坐医院通勤车长大的，在通勤车上，医护人员还教他学会分辈分，当他准确地称呼"爷爷""奶奶""叔叔""阿姨"时，那稚声稚气的样子着实惹人喜爱。

【情景分析】

刘畅父母的这些教育，许多父母都做了。 为什么有的效果差些呢？ 原因有两个：一是不能一以贯之地坚持下去；二是父母对孩子要求是一回事，自己却未能以身示教，使孩子感到迷茫，不知如何是好。 因而，父母要利用一切机会培养孩子讲礼貌的习惯，持之以恒，反复训练。

【好妈妈必读】

培养孩子彬彬有礼的习惯，要从一点一滴做起。 父母可从以下几个方面入手：

（1）强化孩子的自尊意识

文明礼貌的习惯看起来是一种外在行为表现，实际上它与人的修养，特别是与人是否具有自尊与尊重他人的意识有着十分密切的关系。 自尊就是自己尊重自己，不容受到侮辱和歧视，维护自己的人格和尊严，争取获得好的社会评价。 正常人都有自尊心，欲自尊须先尊重他人，遵守社会秩序，注意文明礼貌。 很难想象，一个丧失了自尊心的人会具有什么文明礼貌习惯。 文明礼貌的习惯实际上是人满足自尊心的一种重要手段，所以要强化孩子的自尊意识。

（2）对孩子的表现作出评价

对孩子的行为作出评价通常是刺激孩子学习的最佳催化剂。 客人在时，父母对于孩子良好的表现可以表扬、鼓励；客人走后，父母也可以对孩子的表现作出评价，肯定做得好的地方，指出不足以及今后要注意的地方。　这里需要指出的是，孩子在接待客人中出现了失误，如打碎了茶杯、弄脏了饭桌，父母千万不要立刻批评，要保护孩子的积极性，对待孩子的过失要重动机轻结果，要原谅孩子由于缺乏经验而出现的过失。　孩子礼貌待人的行为规范不是一朝一夕形成的，要靠平时不断教育、训练和强化。　年轻的父母要经常为孩子提供"教育情境"，让孩子不断练习，巩固孩子热情、礼貌待人的行为，这对孩子思想品德、学识能力、行为习惯的培养都有积极的推动作用。

（3）培养孩子养成对人对事最起码的礼仪

坐要有坐样，站要有站样，这也是一种文明礼貌。　说话要和气，要轻声。　有的父母说话大声嚷嚷，孩子则会学着父母的样子。因此，父母要告诉孩子，只是在给大家说话的时候要稍大声一些，让大家听得见，平时说话要轻声。　古语说："己正而后能正人。"父母若要孩子礼貌待人，首先自己要作表率，因为父母对孩子的影响最直接、最深刻。　父母的身教是对孩子最生动、最实际的教育。父母应充分利用家里来客的有利时机提醒孩子，给孩子示范，使孩子在亲身体验和实践中理解文明礼貌和热情的含义，并通过父母的行为潜移默化地影响孩子，使孩子在耳濡目染的环境中，逐步形成礼貌待人的品德。

教孩子学会与人交谈

【情景再现】

晓峰的父母经常召开家庭讨论会，他们平时会搜集一些问题用在讨论会上，让一家人都献计献策，找出解决的方法，而且对于好的方法、建议还会有奖品。因此，晓峰和父母都会积极想问题，找答案，发表意见。

在一次讨论会上，妈妈提出"对当前流感应该采取什么对策"时，晓峰积极发言："应该少到人多的地方去，最好周末都在家里活动。要讲卫生，勤洗手，勤换衣服，多呼吸新鲜空气，锻炼身体，吃新鲜营养的饭菜。"他一连串的回答，让爸爸妈妈对他刮目相看，他们开玩笑说："现在晓峰成了流感专家了，知道这么多。"

【情景分析】

沉默寡言、不善于表达的人很难适应当今的社会，无论是在日常生活中还是工作中都需要大家能够很好地表达自己。生活中一个沉默寡言的人无法使别人了解自己的想法，他也不会很好地把自己的要求、需要表达出来。

孩子学习谈话技巧的最好办法就是像晓峰一样，多与家人对话。而对许多父母来说，最大的障碍是没有时间和孩子们交谈。有的父母定期在睡觉之前和孩子交谈，有的每周几次在饭桌上和孩子进行宽松且有意义的谈话。另外，长时间的散步也是很好的一对一的对话机会。

对那些缺乏社交技巧、拙于与人相处的孩子来说，应该进行更有指导性和针对性的谈话。比如，针对孩子喜欢的玩具、游戏、电视节目等，可以让孩子们自己找话题，并使谈话保持几分钟的时间。

如果孩子在与人谈话方面有很大困难，父母可以和他一起讨论他所感兴趣的问题，根据表现来打分。最好把游戏过程用摄像机录下来，如果没有摄像机，录音机也可以。作为父母，应该注意自己的表率作用，强调你对他人的关心和兴趣，引导他畅言自己的思想，和他交换意见和看法。如果可能，你的孩子还应该和别的孩子一起玩游戏，这样他才能有机会学习与同伴交流的技巧。

在生活中也有这样的现象：有些学生课下与同学开玩笑、聊天显得挺自然，但在课堂上，或开会学生发言就不行了，不是语无伦次，就是结结巴巴；还有的学生怕见生人，家里来了客人就马上躲到屋里不敢露面……

我们大概都有过这样的感觉，如果谁能够当众即时发言，而且从容不迫，思路清晰，口齿清楚，就会博得众人的喝彩。因此，家长们应该逐步提高孩子的表达能力，为他们进入社会做准备。

【好妈妈必读】

培养孩子的口头表达能力，适应社会的需要，已被许多家长所看重，那么怎样培养呢？

（1）要言之有序，不要语无伦次

"言之有序"是指说话要有条有理，有一定先后顺序。

说话的目的是让人听清楚，听明白，如果语无伦次，东扯一句西扯一句，他人怎么能明白呢？

怎样才能做到有顺序呢？一般可按一件事发展的先后顺序说，譬如说发生了一件事，可以先说发生的时间、地点和事件，再按事件的开始、发展、结局的顺序说。

比如说自己做的一件事，可以按"先做什么，接着做什么，然后又做什么，最后做成了什么"的顺序说；也可以按方位、空间位置转换的顺序说；还可以按先总后分的顺序说。

（2）要言之有物，不要空洞无物

"言之有物"是指语言表达要具体生动，少说空话、废话。

怎样才能具体生动呢？ 如："我今天高兴极了！"不妨加上原因："我数学得了满分，全班第一，心里有说不出的兴奋。"这样表达更具体生动。

（3）要言之有理，不要无凭无据

"言之有理"是指说话中心突出，有自己的见解和主张。 说话前要弄清自己的目的，围绕什么中心思想和重点表述清楚。

譬如：说我爱母亲，就要想好母亲有什么优点，为什么爱母亲，我又是怎么去爱的。 如果是与他人论辩，就要清楚对方的论点，抓住要领予以反驳，在关键之处阐明自己的观点。 如果是回答问题，要听清问题是什么，回答时要做到语言简练，答案要清晰明了，不能答非所问，糊里糊涂。

（4）要练习当众发言，不要怯场

当众发言是指当着众人讲话。 这里的众人或许是一家人，或许是一个小组，或许是整个班级，或许是全校同学或更多的人。

当众发言首先需要胆量，要有勇气面对听众，不怕出差错。 最重要的是，要能明确表达自己的见解，这就需要有好的口才。

说话要字正腔圆，声音响亮，速度适中，语调要抑扬顿挫，富于节奏变换。

当众发言还要注意仪表大方，表情自然。 说话时要与听众保持情感和眼神的交流与接触，不要死盯一处，而且要避免小动作和口头语。

家长应从以上四个方面去训练孩子，在方法上，可以灵活运用，并可自创好方法。 父母在平时的生活中，一定要鼓励孩子多说话，学会独立思考，提高语言表达能力。 要知道，良好的口才是孩子们在社会上打拼的有力工具。

教孩子学会分享与合作

【情景再现】

亮亮一向"独享"意识很浓,平时在家总是吃独食,让他分一点给爸爸妈妈都不肯,一次爸爸下班回来吃了他喜爱吃的糕点,尽管爸爸表示明天立刻给他买,可他仍然哭闹打滚,不依不饶。他的玩具更是不让别人碰。记得邻居孩子阳阳来家玩,看见亮亮正在玩小火车,便用手摸摸并说:"好神气的小火车呀!"亮亮小气地将小火车收藏起来,并说:"这是我爸爸买给我玩的,你回家让你爸爸给你买呀!"才6岁的孩子,"我"字在他脑海里竟如此凸显,将来长大,这个以"我"为中心的小气的孩子岂不是要自尝苦果?

【情景分析】

或许我们都有一个体会,现在的孩子什么都不缺,可是却越来越小气,越来越"独",越来越自私,不和别人一起分享,不会有福同享,别人的就是自己的,而反过来就不成立——自己的就不是别人的。在别人有好玩具的时候,就和别人一起玩,而当自己有了玩具的时候就一个人玩,不给别人玩。

父母应该帮助孩子从小学会分享。在这篇案例中,亮亮的父母采取了一系列的措施,努力地改变孩子的"小气",事实证明,效果还是不错的。下面就是亮亮父母的自述,或许对大家有所启发。

要让孩子学会分享,家庭生活就不能处处以孩子为中心。首先,我们取消了孩子的独食,宁可经济上多支出一些,好东西也要大家分，有时我们有意识地少吃一些，也尽可能不让孩子察觉。 其次，再不时时处处都围着孩子转，把孩子看成"小皇帝"了。 过去，孩子有点芝麻大小的事，只要叫一声，我们便放下手中的一切，哪怕正在炒莱，也风风火火地赶到孩子身边。 现在孩子有什么事，得过来给大人讲，不急的事要等大人的事告一段落再去解决，这样逐渐去掉孩子以"我"为中心的意识。 再次，要让孩子心中有父母、有他人，让其懂得是父母、他人、国家和社会为他带来了幸福。 我们有意识地带孩子去看新生儿的父母是怎样无微不至地照料婴儿的，以帮助孩子补上记忆中缺少的那部分。 孩子看到新生儿的母亲托着孩子的大便观察孩子消化情况时被深深地感动了："妈妈真好！"风雪天当孩子裹在羽绒服里还在瑟缩时，我们提醒他看看顶着风指挥交通的警察叔叔，想想日夜守卫在祖国边境的边防军战士；烈日炎炎的盛夏，我们有意识地让孩子在太阳下站一站，体味一下酷热，再看看那些正在施工的建筑工人，想想在田里挥汗如雨劳作的农民……如此日复一日年复一年的教育，亮亮总算有了明显的长进，吃东西知道和父母分享了，外出知道关心"他人"了，小客人来了也懂得热情接待了。

现实生活中，小气的孩子并不少见。 "小气"虽然不是什么大毛病，但如果不及时地进行纠正，早晚就会变成大毛病的。 如果孩子是一个什么都不愿与他人分享、独占意识很强的人，那么他是很难与他人形成良好的人际关系，学会和别人进行合作的。 而在这个联系越来越密切的世界里，整个地球都在朝"地球村"的方向发展，互助与合作是无可避免的趋势，谁要是不承认或者是不顺应这个发展潮流，最后的结果是很清楚的。

没有谁会和一个自私自利、只想着自己不管别人的人去合作的。 在如今竞争激烈的社会里，单靠一个人的努力几乎很难成功。

联合国教科文组织把"学会合作"作为了 21 世纪人才培养的目标之一。 而与别人的合作，并不是说想合作就能够合作的，最主要的一点就是要大度，不要因为一点小小的失去就斤斤计较，看不到它所带来的比失去的要多得多的回报。 所以，从小培养孩子与他人分享的意识很重要。

【好妈妈必读】

培养孩子的分享意识，家长应该做到下面几点：

（1）不要溺爱孩子

孩子吃独食，不愿与他人分享，是与父母的溺爱密切相关的。很多家长出于对孩子的爱，把好吃的好玩的全让给孩子，孩子偶尔想让父母分享，父母却在感动之余，常说："我们不吃，你自己吃吧。"长此下去就强化了孩子的独享意识，他们理所当然地把好吃的好玩的据为己有。

（2）不能让孩子搞特殊化

在家庭生活中要形成一定的"公平"环境，这无疑对防止孩子滋长"独享"意识有积极的意义。 家长还要教育孩子既看到自己也要想到别人，知道自己与其他成员是平等的关系，自己有愿望，别人也一样有愿望，好东西应该大家分享，不能只顾自己不顾别人。

（3）只会与爸爸合作不行，还得学会与别人合作

孩子之所以不愿与人分享，是因为他觉得，分享就是失去，家长应该理解孩子这种难以割舍的"痛苦"，让孩子明白，分享其实不是失去而是一种互利。 分享体现了自己对别人的关心与帮助，自己与别人分享了，别人也会回报自己同样的关心与帮助，这样彼此关心、爱护、体贴，大家都会觉得温暖和快乐。

（4）对孩子进行分享行为的训练

这可以从婴儿期就开始。如孩子拿着镜子，家长拿着茶匙，家长温柔而愉快地递给孩子茶匙，然后从他手中拿走镜子，通过这样反复地交换，孩子便学会了互惠和信任。

（5）给孩子分享的实践机会

经常组织孩子与小朋友开展生动有趣的活动，让孩子与小朋友们共同活动，共同分享活动的快乐。经常让孩子有为家长服务的机会，如在家里买了水果、糕点时，让孩子进行分配，如果孩子分配得合理，就及时表扬。

（6）自己为孩子树立榜样

父母要做与人分享的模范，经常主动地关心帮助他人，如给孤寡老人问寒送暖、给灾区人民捐衣送物等。

（7）不要矫枉过正

家长要注意掌握分寸，要知道孩子毕竟是孩子，不要勉强孩子什么东西都与人分享，更不要因孩子拒绝分享而惩罚他。

◆ 培养孩子彬彬有礼的性格 ◆

帮助孩子塑造彬彬有礼的气质有利于孩子走出自我封闭的误区，与其他人和谐相处。父母要抓住身边的一切机会教育孩子懂礼貌、知进退。

高情商家教思维

1.妈妈要教会孩子哪些礼貌用语？ （如请、麻烦您等）

_____

_____

2.要怎样指导孩子增强口头表达能力？

_____

_____

3.妈妈是否应该将孩子视作家庭生活的中心？ 为什么？

_____

_____

4.妈妈可以用何种方式让孩子明白，分享是互利而不是失去？

_____

_____

5.在哪些情况下，妈妈不应一味鼓励孩子与他人分享？ 为什么？

_____

_____

6.记录本周和孩子间一次令人记忆犹新的对话。

孩子： _____

妈妈： _____

孩子： _____

妈妈： _____

第二章

动手能力：让孩子拥有一双勤劳的手

不知道从什么时候起，中国的家长变得太过宠爱孩子了，什么都是父母给弄好的，什么都是父母安排的。我们的孩子独立意识差，劳动观念差，自理、自立能力差。生活中的一些事情，如打扫房间、叠被、洗衣服、做饭、购物等，都是父母一手包办代替，孩子根本不予理会，也习以为常。试想，这样的孩子能成就一番大事业吗？所以，家长们，还是清醒过来吧，让孩子拥有一双勤劳的手，不是比一直帮孩子做下去更有意义吗？

让孩子承担力所能及的事

【情景再现】

某大学开学已经一个星期了，但校园里仍处处可以看见慈父慈母的身影，处处可以感受到这沉甸甸的爱。一位著名高等学府的教授先生，千里迢迢把孩子送进了大学。由于学校在安排床位的时候，出现了疏忽，把两个人安排在一个床位上。这种小事，让女儿自己去说明一下，问题就可以解决，但教授先生却自己找到了学生公寓管理处。完成了送孩子入学的任务之后该回家了吧，可他就是放不下这颗牵挂的心。每天，女儿在教室里上课，他就在外面扒门缝。估计女儿快下课了，他就先到食堂给女儿买好饭菜，等着女儿来吃。

【情景分析】

说起来，在这篇案例中这样的行为简直不像一个教授所为。然而，这却是一件真事！

我国著名儿童教育家陈鹤琴先生曾针对父母对孩子照料过度的现象说了这样一句话："做母亲的最好只有一只手！"几十年过去了，今天做父母的对孩子过度照料的现象仍然相当普遍。特别是在独生子女家庭，这种现象更是有增无减：孩子已经会自己吃饭了，父母还要一口一口地喂；孩子会走路了，父母非要抱在怀里不可，从这个大人手里传到另一个大人手里，不让孩子双脚着地走路。

舐犊之情，人皆有之。但是，过分地宠，过分地娇，只能培养出拳拳护犊下的"小绵羊"。

孩子的生活自理能力并不是什么鸡毛蒜皮的小事情，它不仅关系到孩子是否生活舒适，也关系到孩子有没有自信心。具备生活能力的孩子，什么事情都会做，什么事情都难不住他，其自信心就会增强。而缺乏生活自理能力，事事不会做，处处有困难的孩子，不仅生活上会遭受许多磨难，还会逐步滋长自卑心理，以致在学习和工作中也觉得自己处处不如人。

每一位深爱孩子的家长和教师，一定要立足于孩子的未来发展，在爱孩子的同时，要保持理智。每一位家长都要充分认识到，今天的孩子是未来社会的公民，他们最终总是要离开父母，走向独立生活道路的。他们未来生活的好坏，关键在于是否具备未来社会和未来生活所要求的基本素质。

进入 21 世纪，资格社会已经在向能力社会转变，呼唤能力已经成为绝大多数人的共识。而我们的一些家长，仍然对孩子管得太多。幼年时期，家长管吃饭、管穿衣、管睡觉、管游戏；上学后，管接送、管学习、管作业、管书包、管文具，一直管到上了中学、大学，把行李送到了宿舍以后还会依依不舍，甚至陪读。如此下去，孩子的独立能力和实践能力怎么培养？不退化才是怪事!

为了孩子将来能把事情做得更好，建议家长们一定要大胆地把手放开，让孩子从解决自己身边的问题开始。

【好妈妈必读】

在让孩子干力所能及的事情这个问题上，专家建议家长从以下两点入手：

（1）父母要端正认识

父母要充分认识到从小培养孩子自理、自立能力的重要性，让孩子及早学会独立。

（2）给孩子提供独立锻炼的机会

在生活中，父母要有意识地锻炼孩子对日常生活的处理能力，使其在种种锻炼中逐步提高独立性。

教孩子学会自我管理

【情景再现】

从圆圆上幼儿园起，妈妈就训练圆圆把自己的东西用过之后放回原处，需要父母做的，让圆圆来提醒；圆圆能做的，父母从不代劳。

有一次，圆圆上少年官学画忘记带纸了，妈妈看到之后只是在一旁提醒圆圆："再检查一下，有忘记带的东西吗?"圆圆漫不经心地回答"没有"，背起画夹就走了，到了教室才发现没带纸。圆圆想让妈妈帮忙回家取纸，可是妈妈却蹲下身来，语重心长地说："圆圆，自己的事情自己要做好，这次妈妈帮你取回东西，下次你还是会忘记的。自己快回去取吧，下次记住出门前检查好自己的东西。"圆圆虽然心里十分不愿意，但她明白妈妈这样做的用意，就自己跑回家去拿。虽然美术课迟到了，可是圆圆以后却再也没有丢三落四过。

【情景分析】

当孩子逐渐长大，自我管理的意识便随之增强，但他们可能由于经历尚少，经验也不是很丰富，所以会感到困难，不知从何下手。 这时就需要父母来指导孩子，教育孩子学会自我管理。

一些人说圆圆的妈妈这样管孩子有些太苛刻了，可圆圆的妈妈并不觉得，她认为对孩子来说，惩罚错误的方法必须是自己去改正，父母替他们改正，则永远也"改不正"。 这次圆圆虽然上课迟到了，却从这件事中吸取了深刻的教训，从此，漫不经心、丢三落四的事情再也没有在圆圆身上发生。

事情往往如此，父母替孩子想得太多，孩子就会想得太少，从而在父母无微不至的照顾中去享受；父母事事"不管"，则能调动孩子的思维和四肢自己去管理。 孩子若能坚持这样管下去，管好自己就是容易的事。 从这个意义上说，对孩子少管甚至不管才是最好的管。

在许多家庭中，父母对孩子管教越多，造成孩子身上的问题越多的情况是普遍存在的。 比如，在生活上，保姆式的父母极为常见。 在他们的照顾下，孩子五六岁了还不能自己吃饭，上小学了不会穿衣服，上中学了书包也得父母收拾，上大学了洗衣服的事还根本做不了……

这种保姆式的管，使孩子没有自己动手的机会，丧失了基本的生存能力；在学习上，甘当"拐杖"的父母比比皆是，陪孩子读书，帮孩子做作业，不惜重金为孩子请家教。

孩子在父母忘我的付出中，渐渐产生了学习上的依赖性。 一些在中小学时名列前茅的"尖子生"，一旦上了大学，没有了父母当"拐杖"，就变得寸步难行，学习成绩一落千丈。

这种"拐杖"式的管，往往使孩子前功尽弃，功败垂成。 在亲子关系上，不少父母以长者自居，言行专制，总是以为孩子什么都不懂，习惯于把自己的想法强加给孩子，企望孩子时时处处按照自己的意愿行事，孩子做这不行，做那不行，应该这样，不应该那样……全由父母支配，结果使得已经有了独立意识、独立人格的孩子的自尊心、上进心受到伤害。 父母表面上管了孩子的事，却管不了孩子的心。 这种专制式的管教使孩子逆反心理强烈，极易误入歧途。

其实，对孩子管与不管是相辅相成、相互包容的。 这就要求父母要以自身优良的榜样作用影响孩子，用无声的教诲为孩子展示做人的准则；要以宽容的态度对待孩子，允许孩子在实践过程中栽跟斗、犯错误，进而帮助孩子总结教训，树立信心，继续前进；要以理智的方式指导孩子，给孩子指明成长的道路、奋斗的方向，如此便可取得良好的教育效果。

【好妈妈必读】

让孩子学会自我管理包括哪些内容呢？ 父母应从哪些方面入手

教会孩子自我管理呢?

（1）让孩子学会自我管理

作为在社会中生活的人，孩子要学会自我管理，首先自己必须是一个有知识、有文化的人，所以，孩子要时时刻刻地注意教育自己，这就是要进行自我教育。自我教育内涵非常广泛，其中包括生理、心理、思想、知识、能力等多方面内容。

（2）让孩子学会计划

学会计划就是要孩子对自己的未来进行设计和谋划。它包括四个阶段：学会制订计划、学会执行计划、学会检查计划、学会总结计划。这四个阶段若能很好地完成，那么孩子就会有一个美好的未来。

（3）让孩子学会控制

学会控制是指家长为保证孩子的学习、工作、生活正常进行，与计划一致而采取的一种活动。学会控制，首先要教育孩子有自我控制能力。一个人如果没有自我控制能力，就会盲目行事，很难干好与自己的发展密切相关的事情。

教孩子掌握必要的生存技能

【情景再现】

情景一：有一个 15 岁的男孩，学习成绩很好，但是什么都不会做。

有一次，这个男孩看到街上有一个小孩自己做手工制品来卖，回家后就嚷嚷着也要去学，说以后也要像那个孩子一样自己挣钱。可是他的父母却很不屑地说："学什么呀，浪费时间，我们又不指望着手工艺品当饭吃，如果想要，我们可以去买很多。

你只要好好学习，别的什么都不必做，爸妈早就给你存了很多钱，够你花的了。"

情景二：在一个晴朗的星期天上午，美国富翁杰里带着 3 个孩子去修停在沙滩上的小木船。

船板上放着一个大大的工具箱，里头摆满了各种钳子、剪刀、扳手、榔头等工具。

"哦，爸爸，我们该怎么干呢？我可是没有什么头绪的！"女儿爱丽斯站在舱里皱起眉头对爸爸说。

"孩子，别着急，我们先分工，我相信，我们会很快、很好地完成这些工作！"

他指着船甲板上一块松动的木板说："我们就先从这儿钉起吧。爱丽斯，你来压住这块调皮的木板。"

"乔治，你这个小家伙，不要东看西看了，快去把旁边那个大钉子和锤子拿来！"

听了爸爸的吩咐，小乔治跳到了放锤子和螺钉的地方，将它们拿到了手。看到儿子把工具拿来，爸爸说："我聪明的孩子，你们自己动手好了。你们的爸爸得坐下来休息一会儿！现在要看你们的表现了！"

说完这些，杰里就一屁股坐到了 4 岁小女儿菲比的身边，和小菲比玩了起来。

但是，还不到 5 分钟，正在修理小船的两姐弟就吵了起来。

"乔治，你这可恶的笨蛋，你想用钉子钉住我的手吗？"

"这不是我的错，都怪这个钉子，它不听我的使唤！"

"天啊，还是我来握锤子好了。你那该死的手，只在吃巧克力时比较灵活！"

"嗨，你难道比我强很多吗？你看看你是怎么压木板的吧，根本就不平整，一头高一头低的，要我怎么钉！"

"哦！喂，喂，我能干的工匠们，不要吵，不要吵，还是让我给你们做个标准的示范吧。我刚才放手让你们干，不过是为了让你们知道光有勇气和蛮力是不够的，还需要掌握一定的技巧，另外再加上十个灵活的手指！"

于是，从怎样握住一颗小小的螺钉，到拧紧这颗螺钉需要使多大的力气；从一只扳手怎样调节开口大小，到怎样做到手脑结合运用；从不同钳子的种类到使用，杰里头头是道地向两个孩子作了详细的讲解，并让孩子不时地亲自做一下。

很快，两个孩子就又自己动手做了起来。

【情景分析】

虽然大家都认为"授之以渔"比"授之以鱼"更重要，但一到实际生活中，一些父母便不由自主地选择了给孩子"鱼"，而不是"渔"，因为他们都怕孩子累着、伤着、磕着、碰着。

有的家庭，很多家长教孩子从小认识和使用各种工具及生活中经常使用到的电器。父母经常对孩子说："你应学会使用这些工具，有什么东西坏了，你就可以自己动手去修理。"

【好妈妈必读】

下面，我们就来看看有的家长是如何授孩子以"渔"的。

有的父母在使用工具包、锯子、锉刀、螺丝刀、钳子等工具时，会顺便一一教给孩子这些工具的名称、用途、性能及安全使用的方法，并且会教孩子掌握各种工具的操作要领，同时还鼓励孩子在日常生活中正确使用。 六七岁的孩子，父母就教他们使用煤气灶、电饭锅、冰箱和洗衣机等。 家里的东西无论哪里出了毛病，父母都会鼓励孩子大胆尝试自己修理，不管修得好不好，父母都不会责备孩子，而是会和孩子一起找出修得不到位的地方，然后再告诉孩子怎么才能做得更好。

有时候，父母还会给孩子提供一些比较安全的小工具，比如餐刀、不带尖的小剪刀、小型的锤子和钳子等，让孩子一边玩一边学，既让孩子了解和掌握了各种工具的种类和功能，又让孩子在使用这些工具的过程中提高了动手的能力。

比如，孩子的玩具车出了问题，父亲不是替孩子修理，而是会把孩子叫来和自己一起动手修理。 在这个过程中，孩子要忙前忙后地帮爸爸递工具或者帮其他忙。 孩子常常是一边忙一边问，而父亲总是很认真地回答孩子的每一个问题，有时候，还让孩子自己动手去做。 父子之间俨然是一对平等相处的朋友。

让厨房成为游乐场

【情景再现】

情景一：有一个 5 岁的小女孩，对家务劳动很感兴趣。

一天吃过晚饭后，妈妈去洗碗，而小女孩嚷嚷着也要去洗，并且跟着妈妈进了厨房。妈妈被她缠得没办法，就给了她一个小不锈钢碗让她洗。

女孩拿着碗到了水管旁边，学着妈妈的样子在小碗里倒了一点洗洁精，然后又拿起抹布擦来擦去。可一不小心，只听哐当一声，小碗摔在了地上。

妈妈一看就火了："不让你洗，你非要洗，这倒好，连碗都掉在地上了，还洗什么洗呀，出去，出去。"

妈妈不由分说就把小女孩赶出了厨房。看着妈妈气呼呼的样子，小女孩只得噙着泪花看电视去了。

以后，小女孩再也不帮妈妈洗碗了。

情景二：在多数家长眼中，厨房是危险的地方。但是在孩子看来，厨房是他们很好的游戏场所。在有的家庭里，孩子不但要洗碗，而且还要做饭。在孩子还很小的时候，有的妈妈就让他们进厨房，甚至允许他玩水，因为她觉得这是孩子接触家务事的游戏之一。有时，孩子故意拖拖拉拉，因为他觉得水实在太好玩了。孩子把衣袖都弄湿、弄脏了，但妈妈从来都不责骂他们，她认为，孩子和母亲在一起玩水，是再好不过的亲子游戏了。

当然，妈妈并不是漫无章法地任由孩子在厨房里玩耍。首先，她会阅读有关厨房育儿的书籍，再到幼儿园开办的烹饪实习课里见习。在烹饪前，她会将食物的营养、厨具的使用方法，尤其是菜刀和火的危险性向孩子作一番说明。不过，在整个烹饪过程中，只要是在安全的范围内，母亲是不会参与的，从头到尾都完全让孩子自己做主。

【情景分析】

小朋友进厨房，在多数国内家长的眼中是危险和麻烦的事情。但是现在日本最热门的儿童游戏场所却是厨房，书店热销的书籍是儿童料理食谱，百货公司家电部门热卖的是儿童专用厨具，电视台热播的节目是 NHK 的儿童烹饪。

在日本，包括幼教界、媒体、社会学家、烹饪学校及儿童产品厂商都一致认为，孩子做家务事，无论对家庭还是对孩子来说都是有益处的。

【好妈妈必读】

家务事能处理得好的男人，人际关系绝对不会太差。在劳动力成本昂贵的欧美及日本，即使中上层家庭也不轻易雇佣人帮忙处理家务。如果夫妻双方都是上班族，假日几乎就是劳动日。对他们来说，劳动并不意味着辛苦和难耐。相反，洗车、除草、晒衣服，共做家务成为增进亲情的快乐时光。家务，绝非婆婆妈妈的事，也绝非琐碎、难登大雅之堂的事。他们觉得，能做家务事、做好家务事是一门需要从小培养、学习的生活艺术。运用身体和五官的家务劳动是一种比游泳更均衡的运动，经常做可以得到令人惊喜的成果。而孩子用双手敲敲打打、揉揉拉拉，也好比在经历疼痛、辛酸、得意、快乐等各种丰富的情绪，这种经历能够使孩子对自己所拥有的能力更加自信。

在周末的时候，国内的妈妈不妨学习日本妈妈的做法，让你们的孩子也去厨房体验体验。

精心为孩子设计挫折

【情景再现】

2001 年 8 月末，江苏省徐州市的张先生与正在就读大学二年级的女儿签订了一份借款协议。协议规定，父亲每学期借给女儿学费 4000 元，女儿在大学毕业后的 8 年内还清。

张先生说，签订借款协议的初衷有两个：一是家庭经济条件太差；二是想趁此机会培养女儿的自立意识和能力。

然而，张先生的这种做法并没有得到周围人的理解。女儿不高兴，亲友们也说他不近人情。

【情景分析】

这位张先生由于家庭经济条件太差，想通过与女儿签订借款协议的方式培养女儿的自立意识和自立能力，这本来是一件坏事中的好事——经济条件不好，当然是"坏事"，可是由此"穷人的孩子早当家"又是一件好事。

可遗憾的是，这样的好事通常不被人理解，甚至受到冷嘲热讽。分析原因，一方面，可能是中国人的家庭伦理观念历来较重，以至于家长把许多超出法律规定义务期限之外的"义务"仍然看作是自己的责任；另一方面，由于我国国情的特点以及经济发展水平等因素的制约，孩子在成人之后仍然不能自食其力。这样，家长自愿供养孩子上大学就成为一种普遍现象。

然而，这并不能表明子女就可以理所当然地存在依赖心理，把"啃老骨头"当作天经地义。

目前，大多数的独生子女严重缺乏挫折教育。教育专家指出，现在的孩子需进行科学的挫折教育，以帮助他们克服生活中的种种脆弱。

有这样一位高中生，学习成绩非常优秀，上初中时还是当地的"知名人物"。由于她从小生活在一个非常优越的环境中，不要说人为的挫折，就是天然的挫折也很少遇到。正可谓"温室里的花朵经不起暴风雨的洗礼"。这位女生在进入高中阶段后，面对巨大的学习压力，她不是采取和家长、老师、学生心灵交流的方式，而是首选自杀。就在自杀之前，她还问同班同学"从7楼跳下去会不会死"。同学还以为她开玩笑呢，想不到过后她竟真的走上这条路。

也许，如果她接受过挫折教育，悲剧可能就不会发生。

因此，家长在挫折教育中要注意方式方法。有些家长虽然意识到了对孩子进行挫折教育的重要性，但是方法并不正确，这样的挫折教育就起不到应有的效果。

在笔者周围，就有这样一种家长，他们在与上大学的孩子签订借款协议时规定，上学期间孩子所需要的一切费用，在向父母实报实销的同时，作为父母对他们的"拨改贷"——不计利息，但必须在规定的年限内还清本金。

签订协议的本意是让孩子确立一种自立意识，并非一定要真正还款，所以，签订协议的过程是在"热烈友好"的气氛中进行的，双方都没有当真。这样的协议实质上形同废纸，所谓的"挫折"并没有真正起到作用。

还有一种情形是，家长故意制造挫折刁难孩子，采取多种手段吓唬、逼迫孩子。家长本来想通过这种方式激起孩子的进取心，可最后往往却打击了孩子的自尊心。

比如，有家长这样批评孩子："你这样不听话（成绩这样差等），活着还有什么意思？"万一孩子想不开走上绝路，肯定不是这些家长的初衷。这样的"挫折"教育则太过分了。

【好妈妈必读】

对于设计挫折来教育孩子，家长可以从以下几点做起：

（1）有意识地让孩子接受挫折

父母应该为孩子创设一些经过努力可以克服的困难，并教给他们克服困难的勇气和方法。另外，父母在孩子遇到现实的挫折时，要给予谅解、鼓励和必要的帮助，让孩子从挫折中获得一些教训、启发和知识。

（2）让孩子获得成功的体验

每一次成功都将使孩子的意志力进一步增强。 如果孩子用顽强的意志克服了一种不良习惯，战胜了一个困难，攻克了一道难关，那么就能使自信心增加一分，为其在艰难攀登的旅途中提供一个坚实的"立足点"。

（3）帮助孩子制定目标

与孩子一道制定出一个能够达到的目标，然后帮助孩子努力实现这个目标。

◆ 教孩子养成自我管理的习惯 ◆

自己的事情自己有责任做好。如果我这次帮你，下次你还是会忘记。
自己快回去取吧，下次出门前记得好好检查。

高情商家教思维

1. 让孩子承担力所能及的事有助于锻炼其动手能力，你认为哪些是算是孩子"力所能及的事"？（如自己叠被子、洗衣服等）

_____

_____

2. 你如何理解"做母亲的最好只有一只手"这种说法？

_____

_____

3. 保姆式的教育方式有何坏处？

_____

_____

4. 妈妈应如何指导孩子对自己的未来进行设计和规划？

_____

_____

5. 你认为对于孩子，必要的生存技能包含什么？

_____

_____

6. 你是否认同"父母要人为给孩子制造挫折"这种说法？ 为什么？

_____

_____

学习篇

好妈妈应教孩子掌握学习方法

笛卡儿曾说过："没有正确的方法，即使有眼睛的博学者也会像瞎子一样盲目摸索。"勤奋刻苦的学习态度加上科学的学习方法，能使人们乘上学习成才的快舟，把人们带到学业、事业成功的彼岸。家长应主动地帮助孩子提高学习能力，培养良好的学习习惯，突破学习的瓶颈，提高孩子的学习效率，找到适合孩子的学习方法，让孩子走上成才之路。

第一章

全面开发：培养孩子的学习能力

　　学习能力是多方面的：观察力是学习的基础，会看、看对是第一步；记忆力是学习的必需，因为知识需要不断累积；注意力是学习的窍门，注意力集中往往能事半功倍；创造力和想象力是学习的翅膀，让知识形成外延和更新；思考力是学习的关键，思考着学习才不会被书本知识所束缚；艺术能力是一种综合能力，让孩子欣赏音乐、绘画、大自然中的美，能综合开发孩子的观察力、想象力、创造力……学习能力如此丰富，每一样都像一把金钥匙，能帮助孩子更好地学习。　妈妈应有意识地从小培养孩子的各种学习能力，从而让孩子在将来的学习中游刃有余。

怎样培养孩子的观察力

【情景再现】

　　婷婷和雯雯是邻居，年龄相差一个月。两个小姑娘从小就在一起玩耍，俨然一对形影不离的好姐妹。但是随着年龄的增长，她俩在各方面的表现却非常不同。比如，婷婷非常机灵，而雯雯却显得木讷；婷婷2岁多时就能分辨家里每个人的杯子，注意到别人做事的方式；而雯雯平时却对什么都是一副视而不见的样子。

　　雯雯的妈妈清楚地记得，孩子3岁多时，有一次去公园玩，正好湖里有一些野鸭子在游泳，很多孩子围着栏杆看鸭子戏水。一同去的婷婷也目不转睛地看小鸭子戏水，而雯雯却溜溜达达，左看看右看看，对其他小朋友感兴趣的鸭子漠不关心。回到家里，婷婷不仅能惟妙惟肖地模仿小鸭子游泳的动作，还能绘声绘色地描述小鸭子是怎样游泳的。而雯雯只会"咯咯"地乐，只能用手随便"划拉"两下。现在，两个孩子都已经快上学了，雯雯越来越木讷，一副不开窍的样子，婷婷越来越聪明，相较之下，雯雯妈妈对此非常着急。

【情景分析】

在现实生活中，很多妈妈都有像雯雯妈妈一样的烦恼：

为什么自己的孩子就不能像别人家的孩子一样绘声绘色地把自己见过的东西讲出来呢？

为什么别人家的孩子对于只见过一次的陌生事物就能很快记住，而自己家的孩子却办不到呢？

为什么别人家的孩子对于陌生的有趣的事物非常感兴趣并且念念不忘，而自己家的孩子对什么东西都好像漠不关心，视而不见呢？

为什么别人家的孩子模仿能力和学习新事物的能力那么强，而自己家的孩子不管是动作还是语言都显得那么笨拙呢？

说到底，这都是因为缺乏一定的观察能力造成的。敏锐的观察力是想象力、创造力的源泉，对于孩子的智力发展十分重要。俄国生理学家巴甫洛夫曾经说过这样一句话："观察、观察、再观察。"观察能力是人学习、掌握知识的一个重要途径和技能。对于孩子来讲，当他拥有了观察力，他就能从细微处窥全貌，他就能为自己的推理与判断能力打下很好的基础。

生活中，有许多父母像雯雯妈妈一样，并不注意培养孩子的观察力，没有把观察力的培养放在应有的位置上。这样做最大的弊病就是，会从某种程度上抑制孩子的思考能力和语言能力的提高。

【好妈妈必读】

孩子的观察能力不是天生的，而是在后天的成长过程中逐渐发展起来的。一个人从其一出生起，就开始积极地向周围世界进行探索，就会进行有意识或者无意识的观察活动，这就是观察力的萌芽。根据早教专家的研究发现，观察力作为一种有计划、比较持久的知觉，在孩子3岁以后就会逐步形成，到7岁左右就会基本定型。

这也就是说，7岁前是孩子的观察能力发展的关键时期。作为孩子的第一任老师，孩子的妈妈在此期间几乎是和孩子形影不离地待在一起的，如果在此期间，孩子的妈妈能在日常生活和游戏中帮助孩子学会抓住事物的特征，对孩子形成敏锐的观察力就会大有好处。

妈妈应该注意的是，对孩子观察能力的培养不是一蹴而就的，应该有耐心，还要注意方法。

（1）观察前，让孩子明确观察目的

孩子在观察中，有无明确的观察目的，得到的观察结果是不相同的。比如，妈妈带孩子去公园，漫无目的地东张西望，转半天，回到家里，也说不清看到的事物。如果要求孩子去观察公园里的小鸟，那么，孩子一定会仔细地说出小鸟的形状、羽毛的颜色、眼睛的大小、声音的高低等。这样，孩子就能有的放矢地去观察，从中得到更多的收获。

（2）观察过程中，培养孩子掌握合理的观察顺序

在观察的过程中，妈妈要告诉孩子如何看，先看什么，再看什么，指导孩子抓住事物的主要特征进行观察。比如，父母带着孩子去动物园看大象时，就可边看边提出一系列问题让孩子回答，如大象的身体大不大，牙长在什么地方，鼻子有什么特点，鼻子是干什么的，等等。只有经过妈妈有意识的启发，孩子才能学会正确的观察方法。

（3）教给孩子用多种感觉器官参加观察活动

妈妈还要教给孩子用多种感觉器官参加观察活动。比如，色彩、形状、声音、气味等，需要让孩子看一看，摸一摸，听一听，闻一闻，有时甚至要尝一尝，只有这样用多种感觉去亲自感受，才能使孩子获得更好的观察效果，留下丰富深刻的印象。

（4）观察过后，要求孩子口述或者记录观察结果

在观察之后，妈妈一定要让孩子口述观察结果，对于有文字表达能力的孩子来讲，甚至可以让孩子记观察日记。这一要求会大大促进孩子观察的积极性，并使观察过程变得更仔细、更全面。

怎样培养孩子的记忆力

【情景再现】

文文已经上初中了，他学习很刻苦，每天上课都认真听讲，晚上回到家，总是先抓紧时间完成老师布置的家庭作业。但妈妈最欣赏的，还是文文的好记忆力。每次老师要求背诵的课文、英语单词、数学公式，他都是班上记得最快最好的，经常得到老师的表扬，妈妈很为他自豪。

【情景分析】

从案例中可以知道，文文不仅学习努力用功，还具备了非常好的记忆能力。 记忆能力是重要的学习能力之一，也是一个人综合素质的重要内容。 同任何能力一样，人的记忆能力也不是天生的，而是在后天培养、训练中产生并不断提高的。 文文在学习中表现出了这种能力，说明妈妈在他小的时候就有意识地激发文文的记忆潜能，培养出了良好的记忆习惯。

多数大人很难回忆起 3 岁前做的事情，所以就误认为 3 岁前孩子缺乏记忆力，教育最好从 3 岁以后开始。 实际上，孩子的记忆力几乎与生俱来，即使是 1 岁的孩子，当他肚子饿了，一听到妈妈的声音，就兴奋起来，因为他记住了妈妈的声音，知道有奶喝了。 再如，即使只是一个不够两岁的孩子，也会把自己喜欢的玩具从多个玩具里挑出来，因为他记得这个玩具好玩。 这些都表明孩子是有记忆力的。

从心理学的角度来讲，当孩子感触到外界物体的刺激，这种刺激就会在大脑神经突触里留下印记，刺激越深的，印记就越深，这些印记就是记忆。 孩子早期的"记忆"通常从他的经验中表现出来。 也就是说，当孩子能用自己的眼睛和大脑去感知五彩缤纷的世界的时候，他大脑里的记忆功能就已经开启了。

正是基于以上的原因，我们在这里提醒：作为与孩子朝夕相处的妈妈，一定要注意培养孩子的记忆能力，一定要抓住一切有可能的机会激发孩子的记忆潜能，让孩子从小形成良好的记忆习惯，养成良好的记忆能力。

【好妈妈必读】

父母应该怎样从小培养孩子的记忆能力呢?

（1）丰富孩子的生活环境

有生活经历才有记忆，有的孩子年龄很小，却因为"见多识广"，能记住和讲述很多见闻。 因此，为了培养孩子的记忆能力，妈妈应该给孩子提供丰富多彩的生活环境，如给孩子玩各种颜色、有声的、能活动的玩具，让孩子听听音乐，多与孩子讲话，给孩子念儿歌、诗歌，讲故事，带孩子去公园、动物园、商店，和孩子一起做游戏……这些都会在孩子的小脑袋里留下深刻印象，能在较长时间内保持记忆力。 拥有这些印象，孩子在遇到新的事物时会引起联想，更容易记住新的东西。

（2）多让孩子观察周围的环境

观察好比是孩子摄取知识经验的大门，记忆则是储存知识经验的库房。 多让孩子观察，能让孩子在观察中记住具体的形象事物，对孩子记忆力的培养非常有帮助。 比如，妈妈在带孩子外出时，可以事先提出要求，让孩子记住行走的路线、方向，注意观察周围及拐弯处的特点，乘坐哪一路电汽车等，返回时请他带路。

（3）有意识地给孩子布置识记任务

为了培养孩子的记忆能力，对满 2 岁的孩子，妈妈就可以给他布置识记任务，最简单的可以从要求孩子取一样东西或传一句话做起。 随着孩子年龄的增长，布置识记的任务可趋复杂，如要求记住游戏规则等，这对于激发孩子的记忆潜能很有帮助。

（4）引导孩子叙述自己的经历，激发其记忆能力

2～5 岁的孩子有能力去讲一个故事，而这种简单叙述也许就是开启孩子记忆的一把钥匙。 这个阶段的孩子经常会想起一些很具体、很细节的事情，比如会突然想起自己穿着红色的泳衣去海边，还在那里看到了贝壳，而不是说"我想起了大海"，他们通常还会用叙述的方式来表达经历。 另外，2～5 岁的孩子已经可以记住一些

抽象的概念，如颜色、数字、字母等。 他们在短时间里存储了很多信息，并且在需要的时候会努力回忆。

当然，2～5岁孩子的记忆很多时候还仅仅是机械记忆，而没有真正理解。 运用"重复"的记忆手段，是这一时期孩子增强记忆的关键。 妈妈可以试着引导孩子把自己以前的经验说出来，可以很好地刺激孩子的记忆潜能。 比如，妈妈可以经常引导和帮助孩子叙述自己的经历，或者说去海洋馆先后看到了什么，或者说在幼儿园里一天发生了什么。 但要注意的是，提问题的时候要尽可能具体化，如"你昨天吃的饼干好吃吗？""今天幼儿园的老师穿什么衣服了？"等。

（5）锻炼和强化5岁以上孩子的记忆能力

5岁以上的孩子通常能够读些简单的儿童读物，做基础的加减法，这时的记忆力会承载更多的任务，孩子也有能力自己去做更多的事情。 这个时候，妈妈应该做的就是采取措施强化和锻炼孩子的记忆能力。 比如，妈妈可以用这样的语句和孩子交流："宝贝，你自己上楼去睡房的衣柜里拿双干净袜子，再准备好换洗的衣服，然后去卫生间洗澡，千万别忘了把发卡摘下来。 洗完澡，到厨房找我，好吗？"这样一系列的嘱托正是在潜移默化地锻炼和强化孩子的记忆能力。 当然，孩子不一定能同时记住所有的事情，但这种锻炼是有益的。 只要妈妈多用心，生活中类似这样的机会很多，妈妈千万不要错过任何一个强化孩子记忆能力的生活细节。

（6）针对学龄期的孩子要教会他记忆方法

学会记忆方法，第一，记忆时目的要明确。 漫无目的学习，即使形式上轰轰烈烈，到头来还是一个零。 有些孩子背诵课文，只是为了下节课的提问，事过境迁，当然易忘。 第二，记忆时注意力集中。 有些孩子记记玩玩，背诵课文，又想别的事，记忆效率自然不高。 第三，记忆时兴趣要浓厚。 有些孩子，"读书不求甚解"，兴趣淡薄，没有求知的欲望，应付差事，记忆力当然提不高。 第四，记忆时思维要积极。 这里有三层意思：一要在对材料充分理解的基础上进行识记，理解越深，识记越好；二要把记忆纳入自己已有的记忆系统中去，成为这个体系中的一部分，记忆便牢固；三要把记忆的材料进行概括，分门别类地储存，就像中药铺、丸、散、膏、丹分类存放，取时手到药来。 其五，记忆时要有多种感官参与。 实验表明，人们学习如果只靠眼看，3小时后保持72%，3天后剩下20%；如果只靠耳听，3小时后保持70%，3天后剩下10%；如果视听并用，则3小时后保持85%，3天后仍记住65%。多种感官共同参与记忆活动，记忆效率定然倍增。

怎样培养孩子的创造力

【情景再现】

情景一：晚饭之后，妈妈正在收拾碗筷，4岁的凯凯却忙着把他剩下的晚饭变成一场科学实验。首先，他往牛奶中放入几粒豌豆，然后加入一些芥末，再舀点鸡肉和米饭，最后把这些东西一起搅拌。那混合物的样子看起来真是难以想象，但凯凯眼看着就要把这一碗看上去令人"恶心"的杰作吃下去了。就在凯凯把碗送到嘴边的时候，凯凯的妈妈走过来一把手就把碗夺走了，还生气地对凯凯说："让你正经吃饭的时候，你干什么去了？求你多少遍了，你一口也不吃，你看你把一碗好好的饭弄成什么样子了？这还能吃吗？恶心不恶心？"凯凯眼看着自己的"杰作"被妈妈倒进了垃圾桶，一下子心痛地大哭起来。

其实，这个小故事中4岁的凯凯正在经历一次让他难以忘记的创新，他最后虽然没有品尝到自己的成功果实，但是这次经历让他难以忘记：妈妈对他的粗暴态度会永远留在他的记忆里，从此以后他可能永远不会再有类似这样的"创举"了。这是一件多么悲哀的事情！

情景二：有一次，一个外国的妈妈状告孩子的幼儿园，因为她的孩子在幼儿园的老师教字母"O"之前，把这个字母想象成苹果、小嘴巴等。结果在幼儿园的老师教了之后，她的孩子就只说是字母"O"了！这个官司引起很大的关注，最后，法院判决那位妈妈赢了！

【情景分析】

有一年，澳大利亚、新西兰、印度、中国等国家和地区参加的"未来家庭娱乐产品概念设计大赛"，中国共有20所学校1300多名选手参赛，可谓阵容强大。然而，比赛结果却令人寒心，两个组的冠军、亚军、季军，中国孩子连边也没沾上，最后只获得一个带有鼓励性质的纪念奖。在人家闪耀着想象大胆、构思独特的作品面前，中国孩子的作品显得那样苍白，缺乏独创性。这怎能不令中国的家长们感到震惊！

中华民族是一个富有智慧的民族，中国孩子智商高，在各类知识性考试中往往是出类拔萃的，但我们的孩子的思考力和创造力为什么不如人家呢？

把上面两个妈妈的做法对比一下，我们就不难发现：我们的孩子没有创造力是有原因的。因为很多妈妈在孩子很小的时候就把他的创造力扼杀在摇篮里！这是十分不幸的！

创造能力就是善于创造和创新的能力。这种能力在人的一生发展中具有极其重要的作用。创造力强的人，勇于弃旧求新；不盲从，不轻信，不随便附和他人；他善于创造性地思考，好问好想，好探索，能发明创造崭新的成果。

孩子的创造力不是凭空而来的，而是通过平时仔细观察周围的事物，先在脑海里留下对事物深刻的印象，再经过自己的思维活动，然后进行实践而获得的。任何心智健全的孩子，都具有程度不等的创造潜力，这种潜力能不能被开发出来，关键在于教育。如果教育不得法，创造潜力就会被扼杀、被埋没。

事实证明，在培养孩子创造力方面，家庭教育比学校教育更有优势。因为家庭教育能根据自己孩子的特点，安排适当的环境，提供必要的条件，便于孩子发挥特长。因此，家庭对培养孩子的创造力有独到之处。

【好妈妈必读】

对于学龄前的孩子来讲，他们的生理和心理正处于发展的高峰期，他们正在用自己的理解力探索着这个对他们来说十分新奇的世界。因此，在这个特殊的阶段，孩子的创造力正处于十分活跃的状态。如果与孩子朝夕相处的妈妈能够在这个关键时期"拉孩子一把"，给孩子一点创造的勇气和机会，孩子的创造力将会得到很好的发展，孩子的创造潜能将会被很好地激发出来。

（1）经常带孩子接触新鲜事物

为了培养孩子的创新能力，妈妈要带孩子接触各种新鲜事物。我们都知道，知识是一切能力的基础，没有知识，对外面的世界一点儿也不了解、不熟悉，即使智商再高，也是不会有创新能力的。因此，妈妈要根据孩子的年龄大小和生活环境，经常利用节假日带孩子接触各种新鲜事物。认识事物越多，想象的基础越宽广，越有可能触发新的灵感，产生新的想法，孩子的创新潜能也会越早被激发出来。那种只想把孩子关在家里，只想让孩子写字、画画、背诗的方法，只会把孩子培养成书呆子，绝不可能培养出有创新能力的人。

（2）保护孩子的好奇心，激发其求知欲

具有好奇心是幼儿的个性特点之一，它表现为儿童对不了解的事物所产生的新奇感和兴奋感。比如，孩子听见外面锣鼓响了，总想跑出去看看；看见停在路旁的汽车，总想去摸摸；听到时钟"滴答滴答"地响，总想把它拆开来看个究竟。孩子不但会有这样的行动，而且还会频繁地提出各种问题。妈妈应热情、耐心地对待孩子的提问，绝不能不耐烦地说"去去去，真麻烦"，或很神秘地说"等你以后长大了就明白了"之类的话。

（3）注重在游戏活动中培养创造能力

对孩子来说，游戏不仅是娱乐，而且还是学习。孩子往往会通过游戏来对现实生活进行创造性的反映。游戏可以丰富孩子的知识，促进孩子观察、记忆、思维、想象、语言和创造能力的发展。妈妈在孩子很小的时候就要重视利用游戏，为孩子创造能力的发展创设良好的条件。

首先，妈妈要注意留给孩子玩耍和游戏的时间；其次，妈妈要让孩子有一定的游戏空间；再次，妈妈要保证孩子有合适的玩具和游戏材料，玩具和游戏材料是游戏的物质基础，往往会让孩子在玩中产生联想；最后，妈妈要对孩子的游戏进行指导。

（4）鼓励孩子独立从事操作活动

一个没有责任心的人是什么事也做不好的，更不用说创造发明了。妈妈要尽量让孩子去做一些力所能及的事情并取得一定的结果，使孩子体验到独立完成某一活动是很重要的。事情不在大小，也不在做得好坏，只要让孩子去做，就能逐步培养孩子的责任心。研究发现，随着孩子责任心能力的增强，他们的创造能力也越来越活跃并更具有自发性。

怎样培养孩子的想象力

【情景再现】

北京市某幼儿园中班某天上一节关于"云"的课，老师有着明确的目标，就是让孩子认识云、了解云的形成。上课了，老师向小朋友们展现画着云的图，然后问小朋友："这是什么?"

小朋友说："是波浪。"

老师说："再看看。"

又有小朋友说："是烟。"

老师继续鼓励："再仔细看看，想想，这到底是什么?"

终于有小朋友说："是云。"

老师欣喜地夸赞："对了，是云! 今天我们要学习的就是'云'。"

【情景分析】

在这个案例里，不去管老师最终是不是达到了预定的教学目标，单就这一段"启发式"的问答，我们看到了什么呢? 看到了对一个固定答案的追求。虽然老师在尝试用"启发"与"参与"的方式让孩子来学习，但实际上，孩子仍然在老师的控制下，在一个答案的控制下。老师对前面两个小朋友虽然没有作出直接的否定，但

"再看看"的启发其实就是对孩子"波浪"或者"烟"回答的否定。年幼的孩子是很依赖别人对他的评价的，久而久之，孩子就只会说老师需要的答案了，或者如果不知道标准答案干脆就不说、不想了。

"波浪""烟"的回答错了吗？难道"云"不可以像"波浪""烟"吗？如果老师对前面两个小朋友表示肯定："很好！还有吗？"可能会有更多的小朋友说出奇奇怪怪的"东西"来，而老师这个时候则可以得意地告诉大家："你们说得都很棒，它好像是任何的东西，那它到底是什么呢？怎么本领这么大，一会儿是这个，一会儿是那个。原来它是云，一片什么都像的云！"这样既可以完成教学目标，同时又给了孩子想象的空间，最重要的是鼓励、肯定了孩子的想象力。孩子们将在彼此的想象激励下非常喜欢"云"，而且会在以后的日子里对云有更多的关注与想象。

想象就是在头脑中创造新事物的形象的一种心理过程，它是人类智慧的翅膀。想象力也是一种能力，想象的功能即建立在感知、记忆、判断的基础之上，没有想象，人的脑力的发挥也不是全面的。离开了想象，人既不可能有什么预见，也不可能有什么发明。人们生活的各个领域，都离不开想象，科学家的联想、工程师的设计、画家的绘画创作、作家的人物塑造、工人的技术改革，都要有丰富的想象。

爱因斯坦说："想象力比知识更重要，因为知识是有限的，而想象力概括着世界上的一切，推动着进步，并且是知识进化的源泉。"

如何激发孩子的想象潜能？如何培养孩子的想象力？日本著名育儿专家内藤先生认为：对孩子的教育要顺乎天性，崇尚自然，尊重儿童的想象，无论他是怎样怪癖离奇，都要尊重孩子的自由幻想的权利。 这是对孩子创造天性的最大保护，妈妈对此要注意。

【好妈妈必读】

孩子是否具有丰富的想象力和善于思考是衡量孩子智力发展水平的重要标志。 可是，有的父母却发现自己的孩子和其他的孩子相比，想象力很贫乏，无论是绘画作品还是续编故事，都表现出想象力差、想象层次低的倾向。

根据孩子想象发展的特点和规律，父母可以进行有针对性的训练和培养，充分发挥孩子丰富想象的优势。

（1）尊重孩子的想法

如果你画了一只有翅膀的昆虫，孩子却把它看成是一只蜜蜂，你千万不要责备他。 家长责备容易熄灭孩子想象的火花。

你的任务是如何使孩子的天真想象在他不断地努力探索中得到证实，无论孩子想象多么幼稚、可笑，家长也必须用心倾听。 如果父母常把孩子的幻想或颇具独创性的想法，看作根本不可能发生的事而加以批评，并强迫孩子接受自己的判断，那么，就会不知不觉地破坏孩子的个性和创造性。

（2）不要认为孩子的“异想天开”是胡思乱想

有时候，孩子在想象中把父母讲给他听的故事，改变了某些情节，父母听了不要粗鲁地指责，强行“纠正”。 这样会扼杀孩子可贵的想象，如果听了孩子有独创性的新编故事，父母应该对孩子说：“我真为你高兴，想不到你的想象力这样的丰富。”因此，对于孩子创造力的萌芽，无论多么微小和肤浅，也是他“独创”的东西，家长应给予鼓励、有益的启发和正确的引导。

（3）丰富孩子的知识，使他们头脑中有更多事物的形象

想象并不是凭空臆想，它需要孩子头脑中一定知识的积累。 虽

然有些想象出来的事物，是孩子从未见过或是客观世界并不存在的，但构成这些形象的素材却是他从客观世界中获取来的。 所以，家长要尽可能让孩子多接触各类事物，使他们脑子里能储备丰富、具体的形象，为进行充分想象提供条件。

对于幼儿，可让他们多看动画片、童话故事，对于大一些的孩子，可通过看科幻电影、科幻小说激发想象力。

（4）让大自然成为孩子想象的资源宝库

孩子降生到大千世界中来，会从无到有地认识和感受天地间万物。 自从有了主观意识之后，自然界诸多的事物就开始引发他的浓厚兴趣，促进他丰富想象力的发展。 日出日落，蓝天白云，夜幕星空，风雨雷电，山川河流，植物的花开花落，动物昆虫的繁衍活动等，都可以成为启发和丰富孩子想象力的宝贵资源。 因此，妈妈应该经常带孩子去接触大自然，让孩子多看看精彩纷呈的天地万物，让孩子的想象力在五彩缤纷的大自然中健康发展。

（5）用表扬和鼓励激发孩子的想象潜能

孩子是很希望得到大人的赞扬和鼓励的。 在现实生活中，妈妈一定要学会用表扬和鼓励激发孩子的想象潜能。 以下面这个例子中的妈妈所做的为样板：

一个妈妈正在做包子，她的 5 岁的小女儿坐在小凳子上看着。女儿忽然提了一个问题："星星是从哪里来的？"

妈妈没有急于回答，而是说："你想想看。"

女儿出神地注视着母亲揉面的动作：母亲揉面，揪面团，擀面饼，包包子……

看了好一阵子，女儿突然说："我知道星星是怎么做出来的了，是用做月亮剩下的东西做的。"

妈妈听了女儿的怪论，先是愣了一下，然后特别激动地亲吻了一下自己的女儿："宝贝，你的想象真奇特！"

（6）充分利用文学、音乐等艺术形式激发孩子的想象力

讲故事、猜谜语是激发孩子想象力的主要途径。充满想象的童话和神话故事最容易引起幼儿的遐想。所以，妈妈应该有目的地去选择一些能够激发幼儿想象的文学作品，给孩子讲一讲，或者让孩子自己阅读。妈妈还可以采用续编故事、拼图讲述等形式来激发孩子的想象潜能，提高孩子的想象力。另外，音乐和美术活动也是发展孩子想象力的有效途径，妈妈可以选择一些易于展开丰富想象的音乐，让孩子根据音乐编动作，通过语言表现对音乐的理解；妈妈也可以让孩子画意愿画、主题画、填充画、涂物画，鼓励孩子自己想，自己画，大胆想象，大胆去试，别出心裁。

一个折纸游戏中，一个孩子学会折小兔子后，把小兔子贴在了纸上。这时，他的妈妈问："小兔子生活在哪里啊？"

孩子就给小兔子画了一个漂亮的房子，还有绿草地、美丽的小花。接着，妈妈又问："你知道小兔子吃什么东西吗？"

"它最喜欢吃萝卜，我得给它画些萝卜！"孩子高兴地继续做着。

"你觉得小兔子还需要什么呢？"妈妈继续引导。

"还需要朋友、妈妈、爸爸、玩具……"孩子开始设计出越来越多的东西。

就这样，原本只贴了一只小兔的白纸，现在不但有了漂亮的房子、绿色的草地、美丽的鲜花、可口的萝卜，还有正在跑步的小乌龟、另一只穿着裙子的小兔、大大的蘑菇、飞翔的小鸟、高高的太阳、弯弯的小溪……别提有多热闹了。

这不正是训练孩子想象力的好办法吗？妈妈要想培养孩子的想象力，可不能错过这样的机会。

怎样培养孩子的独立思考能力

【情景再现】

张肇牧十分喜欢做实验游戏，当听爸爸妈妈说要做有趣的实验游戏时，肇牧非常高兴。与往常一样，由爸爸说，他动手。

"肇牧，从你的玩具中，找出两个同样大的杯子，一个比杯子大的碗或者是锅都行。"肇牧将三样东西拿来了。"爸爸，你看行吗？"爸爸满意地说："行。你用锅装些水来，并且将水分别倒进两个杯子，要求两个杯子的水要一样多。"肇牧按示意进行。然后爸爸问肇牧："你看两个杯子的水，是不是一样？"肇牧左看看右瞧瞧，说："啊，是一样多。""你将一个杯子的水倒进锅里，你再看看，是锅里的水多呀，还是杯子的水多？"谁知肇牧不假思索地给了爸爸满意的答复："一样多。""为什么？你看锅里的水这么少，杯子的水那么多，怎么是一样多呢？"肇牧从容地说："爸爸你看，这是两个同样大的杯子，我倒进的是同样多的水，然后再把这个杯子装的同样多的水倒进了锅里，因为锅比杯子大，所以看起来锅里水好像少些，其实它们一样多。"

谁能相信，这是一个年仅 4 岁的孩子对液体容量守恒定律如此肯定的回答，而且思维清晰，语言表达准确、完整。

上小学二年级的时候，数学教学正进入直式运算阶段，学生们都能按照老师的要求，从低位向高位顺序运算，唯独肇牧别出心裁从高位到低位进行逆向运算，经老师指出后，他竟一意孤行。爸爸妈妈问他时，肇牧振振有词："左边算到右边是爸爸妈妈想出来的窍门。"

听他这么一说，爸爸妈妈意识到肇牧虽然违背规律进行运算，却透露出一种萌芽状态的独创精神。于是，爸爸妈妈在对他的"找窍门"给予充分肯定之后，循循善诱地告诉他，对自己周围的事物要多方位观察，对思维结果还需验证，验证的标准就是看它的实际效果。然后，爸爸妈妈与他一起分析逆向运算的弊端。最后，他口服心服地忍痛割"爱"了。

【情景分析】

在张肇牧身上，我们看到了可贵的独立思考能力。当然，他之所以具备这样的能力，是与父母从小有意识地培养分不开的。

父母要培养孩子独立思考的能力，因为思考好比播种，行动好比果实，播种愈勤，收获也愈丰。一个善于独立思考的孩子，才能品尝到金秋的琼浆玉液，享受到大地赐予的丰收喜悦。

伟大的物理学家爱因斯坦说："学会独立思考和独立判断比获得知识更重要。不下决心培养思考习惯的人，便失去了生活的最大乐趣。"有的父母把一切事物都安排得十分妥善周到，从来就没有什么事需要孩子自己去考虑，长此以往，会扼杀孩子的思考能力，更谈不上解决问题的能力了。因此，父母要培养孩子独立思考的习惯，给孩子创造一个思考的空间。

【好妈妈必读】

怎样培养孩子的思考能力呢？

（1）创设思考的氛围

创设思考的氛围对孩子形成独特的个性，表现有创新意识的思维、举动很重要。父母不能因为孩子小，需要成人照顾而把他看成是成人的附属品。孩子也是一个完整、独立的个体，应该允许他有自己的世界，有自己的空间。有句话说："什么样的父母教出什么样的子女。"因此，在父母努力启发孩子的思考能力时，不要忘了同时培养自己的思考能力，使父母成为能与孩子思考能力互动的主力。不必在孩子与孩子间制造竞争压力，也不必为了培养思考能力，将家庭生活弄得紧张、沉重；更不必一反常态，变成严肃又过分认真的父母。真正成功的思考能力的培养者，是能与孩子一起学习、一起成长，像挚友般的倾听孩子的心声，了解孩子的行为，知道何时给孩子掌声，何时扶持孩子一把，没有命令、没有压抑。

（2）让孩子学会思考

父母在与孩子的相处和交谈中，要经常以商量的口气进行讨论式的协商，留给孩子自己思考的余地，要给孩子提出自己想法的机会。父母可根据交谈内容经常发问，如"这两者有什么关系""你觉得怎么做会更好""你的想法有什么根据"等问题，以引起孩子的思考。

◆ 如何培养孩子的观察能力 ◆

观察前，让孩子明确观察目的

你去观察小羊的时候，要留心小羊的颜色、眼睛大小，学学它们是怎么叫的。

教给孩子合理的观察顺序

观察小猫的时候要从头到脚观察，从整体到部分观察，先观察它静止的样子，再看它动起来是什么样子的。

教会孩子用多种器官参加观察活动

蓉蓉，你去摸摸小鸭子，看看它的毛是不是很柔软。

观察过后，要求孩子口述或记录观察结果

爸爸说你和洋洋刚才去观察小鸭子了，你能给妈妈形容一下小鸭子的样子吗？

高情商家教思维

1. 你认为学习能力强的孩子具有哪些特质？

_____

_____

2. 反思一下，你是否常常拿自己的孩子去和别人家的孩子比较？ 这会对你的心态产生什么影响？

_____

_____

3. 妈妈要教会孩子哪些方法，从而培养他们的观察力？

_____

_____

4. 培养孩子记忆力的方法中，你最倾向于哪种？ 你又是如何做的呢？ （如丰富孩子的生活环境、给孩子布置识记任务等）

_____

_____

5. 针对处于不同年龄层的孩子，有哪些不同的引导记忆的手段？

_____

_____

6. 反思一下，你是否保护了孩子的好奇心与求知欲？ 是否曾对他们的"十万个为什么"感到不耐烦？

_____

_____

第二章

珍惜时间：帮孩子提高学习效率

学习效率是决定学习成绩好坏的重要因素之一，学习效率低的孩子，付出与收获通常是不成正比的，有时候甚至严重失衡。造成学习效率低的原因很多，而且很大程度上决定于智力以外的其他因素，包括孩子的体质、心境、状态等。家长们应找到问题的症结所在，对症下药，根据孩子的自身特点，找出用脑的最佳时期，和孩子一起制订科学的学习计划，对孩子学习时间作出合理的调整和安排，帮助孩子提高学习效率。

和孩子一起制订学习计划

【情景再现】

上海一中的明明进入中学以后，他的父母就开始头痛起来，因为明明的学习效率很低，做事没有计划。每天明明回家写作业，是爸爸妈妈最头疼的时候。明明一会儿拿起语文书，大声诵读几句，还没念完一篇课文，就跑到厨房，喝杯牛奶。喝完牛奶，又慢条斯理地掏出作业本，开始做上午没算完的数学题，想起什么做什么。有时做功课就像是在无休止地长跑，从放学回家一直做到深更半夜，可是作业仍然质量低下、漏洞多多、错误百出，成绩自然也就上不去。望子成龙的爸爸妈妈对此很着急。于是，他们想出种种对策来改变这种现象。比如，采取严加"管教"的方法：不好好完成作业，就不准吃饭，不准睡觉，不准看电视，不准……有时索性坐在孩子旁边加以监督，甚至采用体罚手段。然而，这些措施收效甚微。

【情景分析】

目前看来，不止明明，而且有不少中学生没有认识到学习计划的重要性，以致影响了学习效率，这是一个应该引起父母注意的现象。

学习计划是在学习活动开始之前，他人或者学习者自身对某一段时间内的学习情况进行比较详细的安排。一个好的学习计划能帮助还不能完全控制自己的孩子们，走进学习的殿堂，使他们的学习潜力得到更充分的发挥。

制订学习计划的好处有很多：

第一，学习计划表可以帮助孩子克服惰性和倦怠，尤其是当它配合一个自我奖励制度时会更加有效。

第二，如果孩子能按部就班、循序渐进地完成学习，那么学习便不会给孩子带来太大的压力。

第三，学习计划表可以确保孩子不会浪费时间，使孩子有时间做其他该做的事。

第四，学习计划表可以使孩子了解自己的学习进度，清楚地知道哪些事等着做；又可以帮助孩子对先前的学习作个评价。

因此，父母和孩子一起制订学习计划，既增强了孩子学习的积极主动性，又照顾了孩子的学习状态，何乐而不为呢？

【好妈妈必读】

一个好的学习计划包括预习、复习等，很难有什么固定的标准。 所以需要家长和孩子一起沟通、讨论，逐渐修改。 当然，再好的计划也需要有力地执行，才会有意义。 其中，在制订学习计划时，有几点需要注意：

（1）注意分散学习、交叉学习

如果有 90 分钟的学习内容，你是让孩子一下子学习完，还是分成几段间隔学习呢？ 心理学家很早就对这个问题进行了实验，实验的结果表明：分散学习要比长时间地集中学习效果好。 对于中学的孩子来说，其身心发育的特点也要求采用分散学习的方式。 所以，你不妨让孩子每次学习 30 分钟，中间休息之后再学习。 这样，孩子就不会疲劳，学习效果也会更好。 当孩子同时面临几门课程的学习任务时，最好采用交叉学习的方式，即这 30 分钟学习语文，休息后换成数学，再之后又变成别的什么，这样学习的好处是不会使孩子产生厌倦心理。

（2）注意及时复习

人们对于刚学过的东西，总是一开始忘得快，过一段时间就逐渐减慢。 所以指导孩子复习，必须注意这个规律，让孩子及时复习。 每天孩子从学校回来都学了一些新东西，你可以要求他先复习当天所学的内容，复习之后再做作业。 还可以告诉孩子，每天晚上睡觉前想一想"我今天都学了什么"，然后在头脑里把这些东西过一遍。

（3）注意符合孩子的个人情况

每个孩子的学习情况都是不一样的，所以要使学习计划符合孩子的实际情况，既要充分考虑孩子的体质、兴趣、性格、生活环境、最佳学习时间等因素，又要全面考虑各门功课的特点及孩子的掌握程度。 一个好的学习计划绝不是克隆其他人的。

（4）注意安排好孩子自由学习时间

制订计划时，要先计算出孩子的学习时间，如在校学习时间、课余学习时间等。早晨上学前可读外语、语文等记忆性科目，晚上可学数学、物理、化学等科目。何时做作业，何时写日记都要安排好。要培养孩子自主学习、主动学习的好习惯，给孩子一定的时间去做自己爱做的事。

（5）注意灵活机动，及时调整

确定计划后，就应该严格执行，但在学习中，要根据实际情况灵活安排，不可过于拘泥。注意和孩子交流学习心得，和老师沟通各种学习方法，及时充实调整学习计划。同时应注意事情的轻重缓急，把重要的或困难的学习任务放到主要学习时段，没那么重要的放到零星时间去做。

（6）注意留出空余时间

一张一弛，文武之道，制订计划时，也要考虑吃饭、睡觉、休息、娱乐、体育锻炼等活动时间。休息好，效率自然高，时间的利用率也高，从而达到珍惜时间的目的。

在注意以上几点的情况下，再结合孩子的年龄、学习情况，就可以基本制订一个较好的学习计划了。

教孩子懂得合理分配精力

【情景再现】

李文涛是天津某中学的高三学生，他是班里有名的"学习机器"，他的刻苦用功劲，班上无人能及。每天除了吃饭、上厕所，他几乎都坐在教室里学习，宿舍的同学说，他连每晚的梦话都是学习上的事，可想而知他用功的程度了。

班主任每每训斥那些不认真学习的同学时，总会拿他当参照："你要是有李文涛同学十分之一的学习劲头，我保证你能考上北京大学。"他鼻梁上的那副像酒瓶底一样的眼镜，是他成为"书虫"的明显标志。

然而，他的学习成绩却很一般。因此，许多同学私下里嘲讽他说："我要是学得像他那样昏天黑地，活着还有什么意思，还不如一头撞死算了。"

【情景分析】

为什么如此刻苦用功却取得不了好成绩呢？为什么努力和收获不成正比呢？学习勤奋但成绩一般的同学都会有这样的疑问。李文涛同学埋头苦学，恐怕根本没有想过合理分配精力的问题，大脑太过劳累，怎么能有效运转呢？

其实，这种问题在许多孩子身上都或多或少存在着。这可愁坏了许多家长，不知如何是好。孩子已经很用功了，再抱怨孩子于心不忍。而孩子自己，肯定比谁都着急。通常说来，学习成绩最好的学生往往不是那些学习最用功的学生，而是那些摸索出了一套适合自己的学习方法、懂得合理分配学习精力、学习效率高的学生。

问题的症结就在于学习精力分配不合理，学习效率不高，虽然工夫下得很多，但结果却是事倍功半。我们应该明白这点，人的精力是有限的。你肯定曾有过这样的经验，昏天昏地工作一整天，却只感觉累，没什么收获。孩子的学习也如此，况且孩子尚在生长发育期，过于劳累，也不利于孩子的健康成长。因此，只有合理分配精力，有主有次，才能提高效率，最终提高孩子的学习成绩。

作为家长，在肯定孩子学习态度没有问题的情况下，就应该配合老师，积极主动找寻孩子用功学习但成绩不好的原因。如果是时间、精力分配不当，那么首先要很恳切地表扬孩子认真学习的态度，再告诉孩子不妨换种方法来试试。孩子一有进步，就要予以肯定的表扬，在不断的正面促进下，孩子一定能够找到适合自己的学习之道。

【好妈妈必读】

父母怎样才能帮助孩子合理分配精力呢？

（1）课堂上合理分配学习精力

家长要教会孩子在课堂上合理分配精力。课堂教学一般为45分钟，在这45分钟内，孩子不可能完完全全地在一丝不苟地听讲，所以必须教会孩子合理分配学习精力，教会孩子巧妙地抓住老师的教学重点，关注老师所提的重点，深刻理解老师分析的难点，这对更好地理解课本、牢固地掌握知识会有很大帮助。课堂听课的效率将直接影响到课后的复习。只要高度重视课堂教学，那么在课后的复习巩固中就会真正体会到事半功倍的喜悦。

老师在课堂教学时，每次讲课都经过精心的备课，其课堂教学内容源于课本又高于课本，运用学、思、辩、练等方法设计教学进程，以吸引学生注意并留下学生适当放松的精力调节点，对于重要的知识点更会反复强调。此时，孩子应该积极动脑、动口、动手，既强化了思维，又无疲惫感，从而轻松愉快地学习，身心健康地发展。

（2）家里合理分配学习精力

孩子经过一天的学习回到家里，有的根本不想再碰课本，守着电视、电脑就过一晚上，百般无奈下才走向书桌；有的把课堂学习延伸到家里，一刻也不敢放松，生怕学漏什么东西。 这两种状况都是不好的。

对于不肯用功学习的孩子，使其注意力集中是家长教育的重点。 注意力涣散是很多孩子学习的最大"敌人"。 如果孩子在学习时，脑海里想的是电视机里正在播放的节目或是出去玩，那还能学进去多少呢？ 父母应该尽可能地减少让孩子分心的物品和自己的行为。 不要在显眼的地方放置孩子的玩具，父母要少走动，降低说话音量等，来纠正孩子不良的学习习惯，使之养成专注于做一件事的习惯。 善于集中注意力的孩子学习起来比较省劲，效果比较好，也因此有更多的时间来休息和从事娱乐活动。

对于太过用功的孩子，要教会孩子怎么样去"休息"。 告诉孩子在因脑力消耗而感到疲劳时应注意休息，放松一下肌肉和消除紧张状态，如吃点东西，到户外活动，看一本杂志，做视力保健操或深呼吸等。

帮孩子进行严格的时间管理

【情景再现】

一位中学生的家长是做企业管理工作的，她的女儿面临中考，学习很努力，但效果一般。为此这位家长很着急，也想了不少方法，但不见效，后来她忽然想到，为什么不用自己的专业知识去帮助女儿呢？那么，从企业管理的角度，如何对女儿的时间进行管理呢？家长先将女儿在家里的活动都仔细记录下来，如起床多少分钟，吃饭多少分钟，上学多少分钟等，结果发现大有潜力可挖。比如，她发现女儿每天花在等公交车上的时间约为一刻钟（早晚各七八分钟），于是便给有关的车队打电话询问情况。对方接电话的师傅问明缘由，非常理解、非常热情，详细告知了发车时间和发车规律。结果一下子就挤出了 10 分钟。这样一项一项地进行管理，一天居然能挤出 45 分钟。这差不多是一节课的时间啊！对一个初三学生来说，一天能多学一节课，这是多么难得啊！女儿在家长的指点和帮助下合理安排时间了，其学习效率提高了，最后如愿以偿地考入了重点高中。

【情景分析】

我们是不是可以向这位家长学习，对孩子的时间进行严格的管理呢？看一看孩子一天之中有哪些时间是有潜力可挖的，有多少时间是在做无用功？这样一项一项地量化、细化，也一定能每天挤出一节课甚至更多的时间。而这些"边边角角"的时间，原来都被白白地浪费掉了。

对于学生来说，每一分每一秒都非常重要。许多同学往往认为那些零散的时间没什么用处，其实这些时间看似很少，但集腋能成裘，几分钟几秒钟的时间，看起来微不足道，然而汇合在一起则大有可为。浙江省绍兴市 2006 年中考状元苏璇同学在利用零碎时间方面颇有心得，她说："其实，在日常生活中，只要你稍微注意一下，就会发现不少的零碎时间可以利用，如上学路上、等车的时候、饭前饭后等。关键在于，利用零碎时间，要巧妙、得当。比如，等车时间，我用来背公式和英文单词；上学路上，用来回忆学过的古诗文；饭后散步，可用来观察事物，思考问题；早自习之前，拿出书看看；入睡前躺在床上，可以回忆、复习当天的学习内容；等等。这样积累下来，我的学习时间自然就比别人多了。"

【好妈妈必读】

作为家长，如何帮助孩子进行时间管理，从而更好地利用好时间呢？ 可从以下两方面做起：

（1）让孩子学会利用零碎时间

利用零碎时间，要巧妙、得当。 下面是有效利用零碎时间的一些技巧：

● 嵌入式技巧

嵌入式，即在空余的零碎时间里加进充实的内容。 人们由一种活动转为另一种活动时，中间会留下一小段空白地带，如饭前饭后、等车时间、找人谈话等候时间等。 对这些时间可以充分利用，并根据时间的长短来安排学习内容。

● 并列式技巧

并列式，即在某项松散活动进行期间，同时开展又一项活动。比如，等人的时间，可用来背公式、记单词；散步时，可用来观察事物，提高作文水平；乘车回家时，可以回忆当天的学习内容；等等。

● 压缩式技巧

压缩式，即把零星时间压缩到最低限度，使其尽快结束从而将时间转入到学习中去，免去很长的过渡时间。 比如，将起床后的洗漱时间进行合理的压缩，从而能尽快进入晨读。

（2）让孩子学会记录学习时间

如果你能让孩子把学习时间记录下来的话，你就会发现，有多少时间被那些毫无意义的事给浪费掉了。

为了更合理地规划时间，让每天的生活更充实，以优异成绩考入北京大学的吴悦同学准备了一本学习记录本，把每一天从早到晚每个时段所做的事都记在上边，具体到分钟，有时还简略地记一些有趣的事，这样的安排近乎苛刻，但他的时间利用效率从此大大地提高了，而且每每翻看以前的记录时，都有一种充实感和成就感。

吴悦同学说：我很想介绍给大家的方法就是记录自己每天的学习时间，而且是比较精确地记录。我原来的经验是精确到 5 分钟，这样就可以杜绝一种现象：坐在书桌前一上午，其实什么都没干，在记录的时候，走神、发呆都要刨除出去。这样一天下来我们就会发现，其实每天可以真正用来学习的时间是非常有限的。虽然一天 24 个小时，但是如果能真正学习 8 个小时，就已经是一件很困难的事了。发现了这个残酷的现实，就更需要我们好好地抓紧每一分每一秒，不能简单地认为，我上午歇会儿没关系，从中午 12 点到晚上再好好利用就行了。这样的思想是非常要不得的，如果总这样想，终将什么都干不成。

帮孩子合理安排假期的时间

【情景再现】

终于放暑假了，滔滔高兴极了。因为爸爸妈妈工作很忙，所以放假时滔滔住在奶奶家，就可以"自由"了。

谁知，爸爸拿出一大摞的习题册、作业本，给滔滔布置了一堆的假期作业。滔滔不满地说："学校有作业，干嘛还给我加这么多额外的？要减负！"爸爸敲着滔滔的脑袋："你还想减负？上个假期'减负'减得把学过的知识都还给老师了。你要是想去奶奶家，就要保证完成这些作业。否则，我们要把你送到暑期班去。"

听爸爸这么一说，滔滔低下了头，没话可说了。上次过寒假，滔滔在奶奶家，每天就是看电视、玩游戏，与院子里的小伙伴踢球、玩滑板，似乎把寒假作业的事情忘记了。妈妈每次提醒，滔滔都说："知道，知道。"奶奶也说："好不容易放假了，让他玩玩吧。"直到离开学还有三四天了，滔滔才开始起早贪黑地赶作业，对付着开学时交了。结果，因为作业太乱被老师点名批评不说，第一次测验也只得了个及格。为这，妈妈怪奶奶太纵容滔滔，还和奶奶闹得有些不愉快。

爸爸说："暑假的时间更长，不能让你傻玩了。我已经和奶奶说好了，为了你的学习，不能再迁就你、惯着你了。每天必须完成学校的作业，还要把我们的作业也做完。这算是你明年小学毕业前的加强复习吧。"

【情景分析】

在这个案例中，奶奶和爸爸都做得不对，奶奶是假期放任自流，让孩子撒开了玩，把学习完全丢到脑后。而爸爸则把假期变成又一个学期，给孩子增加很多作业，或是把时间排得满满的，参加各种补习班。

如果假期里孩子只用几天的时间突击完成假期作业，或是完全把学习丢掉，就失去了安排假期作业的意义，会使孩子知识积累的过程被中断，头脑中学习的概念被淡化，也会使原有的一些好的学习习惯渐渐改变。当孩子重新回到学校时，会因一时难以适应紧张的学习节奏，而出现学习困难。

假期是为了使孩子们紧张的学习有一个缓冲、休整。如果安排过多的家庭作业，或用各种各样的课外班占满孩子的时间，使孩子甚至比上学的时候还要紧张，就影响了孩子的休息、娱乐，还会使孩子感到厌倦、疲惫，甚至厌学。

总之，不论哪种错误，都不利于孩子学会张弛有度、适当合理地安排学习和生活，不利于培养孩子主动、自主的学习习惯。

【好妈妈必读】

父母应该如何安排孩子的假期时间呢？

（1）根据假期的长短、孩子的年龄、假期作业的多少，和孩子一起制定一个假期时间表：每天什么时候做作业、什么时候看电视、什么时候是运动游戏时间等，既要保证一定的学习时间，也要使孩子可以适当运动、游戏或做一些自己喜欢的事情。这样，随着孩子年龄增长，他就学会了合理地计划和安排时间。

（2）可以利用假期让孩子适当参加一些课外班，但首先要征得孩子的同意，时间安排也要合理。这样让孩子能够有一个丰富多彩的假期，又可以学到很多课堂上学不到的知识。

（3）只要是在可行、合情合理的范围内，尽量让孩子自己决定他的假期活动，尤其是大孩子。这样，孩子学习的主动性、自觉性都会大增，对其自我管理能力和自信心的提升也是大有好处的。

（4）父母要安排好自己的工作，在假期里尽可能多陪伴孩子，这也是与孩子增进感情和相互沟通、了解的好机会。

◆ 家长要帮助孩子制订合理的学习计划 ◆

家长应该和孩子一起沟通，制订出符合孩子个人情况且劳逸结合的计划表，并督促孩子严格推进，从而使孩子在完成计划的过程中积累信心，从而爱上学习。

高情商家教思维

1. 有哪些方法可以为孩子营造思考的氛围？

_____

_____

2. 妈妈是否有必要参与孩子制订学习计划的过程？ 为什么？

_____

_____

3. 分散学习和交叉学习哪个效果更好？ 可以被怎样运用于复习计划中？

_____

_____

4. 如果孩子对你说："妈妈，不管我怎么努力，都没办法取得好成绩，我都没有学习动力了。"你该如何回应？

_____

_____

5. 想一想，在孩子一天的生活中，有哪些零碎时间可以加以运用？ 帮助孩子进行合理规划。

_____

_____

6. 你认为孩子的假期时间安排应遵循哪些原则？

_____

_____

第三章

培养习惯：帮孩子形成良好的学习方式

心理学巨匠威廉·詹姆士曾说："播下一个行动，收获一种习惯；播下一种习惯，收获一种性格；播下一种性格，收获一种命运。"习惯真的是一种巨大的力量，它可以主宰人的一生。 在学习中，良好的学习习惯会使孩子受益良多，它无形地制约着孩子，是孩子学习成功的一大有力帮手。 因此，家长应该从孩子幼年起就努力培养孩子各种良好的学习习惯。 从一定意义上来说，良好学习习惯的养成比学习成绩本身更为重要。

培养孩子自觉主动学习的好习惯

【情景再现】

江新上小学时学习兴趣挺浓，升入初一后，却突然对学习失去了兴趣，不肯再自觉主动地学习。江新的父母感到很奇怪，问儿子是怎么回事。江新认为学校里老师太严厉，要求很严格，动不动就训人、罚站，老师讲课"满堂灌"，课后布置一大堆作业。他觉得上这样的学一点儿意思也没有，所以就不想学，对学习提不起劲，成绩也因此直线下降。江新的父母对于儿子的这种想法很惊讶，与江新的老师联系，反映江新的想法。即使这样，江新也不想学习，把学习当成苦事累事，总要家长督促，才能勉强完成作业。

【情景分析】

江新不自觉主动学习的问题，实质上就是学习兴趣的问题。 从上述例子看来，江新还是一个很有主见的小朋友，知道学习的问题所在，那为什么不能在找到问题的基础上，再进一步解决问题呢？ 江新的父母要做的，就是这一点。

兴趣是指一个经常倾向于认识、掌握某种事物，并力求参与该种活动的心理倾向。 有了学习兴趣，孩子才能主动要求学习，想去学习。

在成长阶段，学习是孩子的主要任务。 同时，孩子又是极具塑造性的，需要家长耐心地帮助孩子，启发孩子，让孩子充分发现学习原来是一件如此有意思的事。 兴趣是孩子学习的动力，孩子对学习失去了兴趣，也就不可能去认真刻苦地学习，这种状况若持续下去是很危险的。

孩子不肯自觉主动地学习，其原因是多种多样的，虽然江新小朋友失去学习兴趣的关键在于没有发现新的学习乐趣，但更多的小朋友却是因在学习中受到了某种打击或挫折，或是长期以来在家长和老师的压力下，不堪重负，从而对学习失去信心和兴趣，也就不愿意主动学习了。

【好妈妈必读】

孩子的心还不十分稳定，要让孩子自觉主动地学习，首先要让孩子明白学习是自己的事情，并能够引导孩子发现学习的乐趣，从而提高孩子的学习兴趣。 其中，让孩子自己想学最为明智的办法，是选择激发孩子学习兴趣的突破口。

英国儿童心理学家博茨勒指出了帮助促进孩子自觉主动学习的九种方法：

第一，要想让孩子想去学，首先要使他尝到学习成功的滋味。即使孩子的学习进步是微不足道的，家长也应该及时发现，及时表扬。孩子就会在这种愉快的环境中愉快地学习，渐渐的，就会形成习惯了。

第二，欲速则不达，不能强迫孩子学习，逼得太紧的话，孩子会变得焦躁、不耐烦，潜意识产生反抗情绪，变得善忘，一下子把刚学过的全部遗忘，反而使事情变得更糟。

第三，不要吝啬赞美之词，因为称赞会起很大的鼓励作用；不要过于批评他的错误，因为这样会令他情绪低落，而犯更多错误。

第四，不要拿别人和他比较，孩子会产生反抗心理，不自觉地放弃进取。

第五，做功课的时间不可过长，中间一定要有数分钟的休息，让他舒展筋骨，如果功课做得好的话，可给他以小奖励。

第六，要不断刺激孩子的好奇心和求知欲，有空就带他参观博物馆、动物园和图书馆之类。

第七，做功课的时候，不要让孩子依靠父母的帮助去解决困难，让他从经验中吸取教训。有困难的时候，要采取积极的态度去鼓励他独立思考，不要纵容孩子的依赖性，因为做功课是他的责任。

第八，如果环境许可的话，空出一个房间来用作孩子的书房，这样他可以不受干扰，安心地做功课。

第九，父母是孩子的榜样，如果要孩子对学习发生兴趣，首先要让他知道父母很喜欢看书，求知欲很强，并且不断学习。

博茨勒的九种方法很全面，也很中肯，家长们只要持之以恒，定可见效。

培养孩子课前预习的好习惯

【情景再现】

北京某中学初三（2）班同学樊伟红连续几年被评为区级优秀学生，在经验报告会上，他的发言尤为引人注意："在小学，我是个'尖子'，是北京市的三好学生。可是没想到，在考区重点北京十中时，我落榜了，这给我的打击很大。作家魏巍曾经说：'生活是一场长途赛跑，只有意志坚强的人，才能成为最后的胜利者。'我想：不上区重点照样能行。就这样，我迎来了中学生活，我更加严格要求自己，埋头学习，但期中考试时，我并没达到预定目标，考了班级第三名。对此我并没有气馁，而是冷静思考成绩不理想的原因。我发现，平时学习不重视预习是个很重要的原因。我根本没有预习的习惯，作业多一点儿，就不预习了；或者将预习作为应付差事，走马观花，达不到预习的效果。从那以后，我每天放学后坚持预习，并制订计划，认真完成。功夫不负有心人，期末考试我终于获得了全班第一名，而且被评为区级优秀学生。我成功了！"可见，课前预习的重要性。但是许多家长并没有认识到这一点，认为孩子做完功课就算完成任务了，这种想法是不正确的。

【情景分析】

预习即课前的自学，指在教师讲课之前，学生先独立地学习新课内容。初步理解内容，是上新课时做好接受知识的准备过程。如果没有预习，只好老师讲什么就听什么，老师叫干什么就干什么，显得被动，缺乏学习的积极性和主动性。 但也要避免预习时走马观花，不动脑，不分析，不动笔，这种预习虽耗了时间，却达不到学习的效果，等于是在浪费时间。 预习得好，而且形成习惯，等于是培养了自己的自学能力，是可以终身受益的。 从樊伟红同学的亲身经历中，我们可以很清楚地看到预习的重要性。

预习到底有哪些益处呢？

预习是一个发现问题的过程。 "学起于思，思起于疑"，课前预习的过程就是寻"疑"的过程。 发现疑问，并带着问题听课，会更加积极地思考问题，更加自觉地掌握知识。 坚持预习不仅为听新课做好了思想、知识上的准备，而且获得了上新课的主动权。

预习是对课堂学习的补充。 对文章的整体感悟，单纯依靠课堂几十分钟的讲授是远远不够的。 预习需要做的事情其实很多，而且也非常有意思。 一篇文章、一个人物、一位作家……如果仅仅局限于教师的几句简短介绍，让手边的相关书籍和电脑赋闲，那么就很难真正达到预习的效果。

预习是个选择性的学习过程。 事实上并不是所有的内容都需要预习，一个人的精力是有限的，所以，找到个人的着力点，感兴趣的内容、薄弱的环节和复杂的内容都比较适合于预习。 前者是个人喜欢的东西，自然会着力学习，而对后两者来说，更有预习的必要。

知道了预习的好处，父母就要尽力帮助孩子养成预习的好习惯了。

【好妈妈必读】

家长怎样帮助孩子养成预习的好习惯呢？

（1）让孩子尽量自己解决学习中的疑难

有的家长生怕学习上的疑难难住了孩子，只要孩子一提出，而自己又能帮忙的话，马上就会为其代劳。这样一来，孩子原本经过思考、费点力就能解决的问题，却要依靠家长解决了，久而久之，形成依赖习惯，学习上就难以养成自己努力克服困难，解决疑难的习惯了。这对孩子的预习和自学是十分不利的。父母们应当鼓励孩子尽量靠自己努力去解决学习中的疑难。

（2）坚持对孩子的预习做定时检查

最好是每天或每次孩子完成作业后，提醒孩子做新课预习，并对孩子预习的结果进行检查。这就要求家长自己首先得抽出一点时间，真正了解孩子的课程，知道他们现在该做什么，明天该学什么，让督促和检查能有的放矢，这也是对孩子学习的一种帮助。

培养孩子专心听讲的好习惯

【情景再现】

孙磊是个活泼外向、开朗爱笑的小孩，今年上小学五年级。本来，父母很喜欢他爱动爱闹的性子，觉得这样才是小朋友的可爱之处。但后来，父母发现了一点问题，孙磊活泼的性子延伸到了课堂上，总爱找同学说话，要不就是东望望西望望，反正就是不能专心听讲。孙磊的老师也因为这个问题，多次找孙磊谈话。孙磊虽表示有心改过，却不见成效。父母和老师都很头疼。

【情景分析】

孙磊的问题是太过活泼，没能正确区分什么时间是可以闹的，什么时间不行。一旦养成了这样的习惯，要纠正就比较困难了。

还好孙磊自己和他的父母、老师都有心解决这个问题，在思想上有很端正的态度。既然孙磊对上课没什么兴趣，那么我们就有要使他认识到上课的必要性，并尽可能地根据孙磊的个性，帮助他选择合理的学习方式。

有一项调查研究曾表明，学习成绩好的同学90%以上都是上课认真专心听讲的。可见，专心听讲是多么重要。俗话说，台上一分钟，台下十年功，虽然说的不是我们现在探讨的，但未尝不可以这样理解——课上一分钟，课下十分钟。

课堂是一个传道、授业、解惑的地方，同学聚集在一起，由老师把难懂的课文以生动活泼的语言等形式，教授给大家。先不说课堂教学的重要性，单看课堂学习占据了学生一天大半的时间，如果孩子不专心听讲，那么浪费了多少时间呢？而且，在课堂上众人安静，听老师一人讲话的气氛中，很容易让人静下心来，沉浸在学习的海洋里，如果孩子不认真学习，又浪费了一个多好的环境呢？老师的心血融入到了课堂上，很多地方课本是不足的，这份不足就由老师帮你补上，如果孩子不听，那么就又浪费了老师的时间。而最终，孩子浪费的只是自己的人生。家长们，应该把这些道理好好地讲给孩子听。

【好妈妈必读】

孩子上课好动，注意力集中不起来，是由多方面原因造成的。其中一个重要原因是孩子在上课时缺乏自控力。而缺乏自控力与孩子没有树立正确的学习目标、缺乏学习毅力等有关。家长可以找出原因，对症下药。纠正之法，常用的有以下几种：

第一，要引导和教育孩子向既有正确的学习目的，又有坚强毅力的人学习。如下面这个学生的事例，就是一篇很好的教材。

这是一双残损的手，内生的软骨瘤在两手的各个部位不规则地滋生，稍重的负荷和摩擦就会产生剧烈疼痛。可就是这双手，却握着智慧之笔，写出了一份又一份让老师拍案叫绝的优秀答卷：全国华罗庚金杯赛二等奖，全国中学生物理竞赛三等奖，全国文化杯师生作文赛三等奖……今年又以总分628分的高分摘取南京市中考第一名的桂冠。他就是南京优秀残疾中学生，金陵中学高一年级学生姜涛。

姜涛的命运比起同龄孩子实在有太多的不幸。5岁那年，父亲发现发育正常的小姜涛出现了生长迟缓，并在全身不规则地出现一个个突起的瘤子。而每新生一个瘤子都让小姜涛疼痛难忍。父母心急如焚，从此开始在全国寻访专家求医问药，结果许多大医院都难下结论。最后，经上海一家医院手术取瘤切片检查，被诊断为"全身性骨骼内生软骨瘤"，将会随着身体的生长继续增生，并影响正常的生长发育。

残酷的事实没有让姜涛父母气馁，他们一边带着他奔走求医，一边对他进行开发智力的种种尝试。在姜涛幼小的心灵中，父母那"要自立自强，不被社会淘汰"的语言早已在他脑子里根深蒂固。与同龄孩子相比，他显得特别懂事，勤学好问、功课全优，课外读物更为他插上了双翅，也使他的意志更为坚强，毅力更为刚强。在读小学至初中的9年中，由于软骨瘤继续增生，他的双腿和双臂严重弯曲畸形。一次次的矫形手术和一次次的骨折治疗，令姜涛疼痛无比。每当这时，他总是拿出他心爱的书看，从中汲取力量。

第二，除了在认识上要解决孩子的思想问题以外，还要研究克服注意力不集中的办法。在这方面，日本有比较好的经验，介绍如下。

"三分钟超觉静思法"是日本京都大学教授、日本生居医学研究所所长川爱义博士经过 50 多年的研究所创造的一种健脑方法。

"三分钟超觉静思法"可以使人精力集中，只要一做这个操，哪怕几百个学生的教室，也能立即安静下来。 这种方法被实验后得出结论：可以提高学生的学习成绩。

这个方法，我们在课堂中进行过试验，效果也是比较好的。

"超觉静思"分三个阶段：静坐、调整呼吸（调息）、默念关键字（真言）。 三个阶段共三分钟。

第一阶段——静坐，即安安静静、稳稳当当地坐。

具体要求是：

上身——脊梁要直；颈部——不要用力，下颌稍微内收；面部——面向正前方。

上肢——从两肩沿身体自然下垂，双肘稍弯曲，两手放在大腿中间，手指并拢，手腕放松，手指对手指成球形；双目——微微闭合。 坐在床上或椅子上做均可。 这一阶段不计算时间。

第二阶段——调整呼吸（两分钟）。

具体要求是：

双目微合——不闭则受外界干扰，闭太紧则会浮想联翩。

腹式呼吸——肚子鼓起来时吸气，瘪下去时呼气。 深深地吸一大口气，鼓起肚子，然后慢慢地瘪下肚子把气吐出来。 一开始一分钟做十几次，习惯以后，可减少到一分钟 5~6 次；默记次数——1~100 次为止。 前后过程是两分钟。

第三阶段——默念关键字（真言）（一分钟）。

真言是日本用语，是代表一个人的愿望、信念或能够促使其获得成功的座右铭。

具体要求是：

真言的念法，不出声，反复默念。

真言的选择，应该尽量选择包含着自己愿望并能使自己产生信心的句子。

如：做则成功，弃则失败！ 成功！ 成功！

能成！ 能成！ 肯定能成！ 集中精力！ 集中精力！

"三分钟超觉静思法"每天早晚各一次，贵在坚持。 如不能坚持，则无效果。

培养孩子适时复习的好习惯

【情景再现】

明明放学回家，对母亲诉说肚子饿，母亲边炒菜边叮嘱儿子："饭还没做好，还得半个小时，快去复习功课！"明明撅着嘴巴，无奈地走进他自己的房间。

明明吃罢饭，活络活络筋骨，顺手取过沙发上的一本漫画书浏览。母亲却从孩子手里抢过书："去，去，抓紧时间做作业！书多看几遍，都快期末考试了，好好复习！"

明明很不情愿地说道："一会动画片就开始啦！"母亲不满地唠叨道："平常你就不复习，快考试了，还不复习，你就不怕不及格呀！"明明虽然一百八十个不愿意，但看到情形不利，也只好闷着头去复习了。

【情景分析】

这位母亲对孩子的学习时刻挂在心上，分秒必争地督促孩子复习功课，这种心情可以理解，这种精神令人"钦佩"；然而，她却不明白人的身心规律，饭前空肚，饥肠辘辘，身体能源似乎濒临枯竭，哪有心思复习功课？ 饭后肚满，机体的活动能量都集中在消化器官，慵慵然的，头脑活动相对迟缓，复习功课、做作业哪来效率？ 饭前饭后，应让孩子适当休息，不应叮嘱，更不应强迫孩子进行艰苦的智力活动。 殊不知，一张一弛，文武之道，无弛哪来张？ 休息，即储蓄能量，为即将进行的活动备足能源，从效率上看是必要的，是必需的。

复习功课是很重要的，因为孩子白天接受了整整一天的教育，时间紧，任务重，很多知识都还来不及好好消化。 所以，孩子很需要复习，通过复习，可以找到上课时没有留意的，可以弄明白不懂的地方，可以进一步深入理解问题并进行必要的拓展。 但如果复习的时间安排不恰当，也达不到复习的效果。

功课的复习要讲究效率，要求效率就要讲究时间的合理性，即适时。 只有适时地进行复习，才能够事半功倍地达到好好学习的目的。 孩子对于复习，很多都不太情愿，宁愿晚上看电视、上网来打发时间。 作为家长，应督促孩子进行课后的复习，并教导孩子"适时"这样一个道理，最终形成适时复习的好习惯。

【好妈妈必读】

孩子什么时间复习好呢？

（1）睡前

为什么睡眠之前记忆效果好呢？ 因为学习之后立即入睡，没有什么干扰，所以遗忘就少；相反，在学习之后照样进行日常活动，这些活动明显地干扰着刚学习的材料，所以遗忘就较多。 另外，睡眠本身是对清楚时学习的材料进行筛选，把重要的信息储存起来，对记忆过程起着巩固作用。 因此，临睡前，把每天学习的内容进行复习，是最好的复习。

（2）醒后（即早自习）

心理学研究表明，要记忆的材料，须于识记后 8～9 小时内再度复习，才会记牢。因此，前一天晚上所学的功课，在第二天早晨，花上 10 分钟左右的时间再次复习，像过电影一般在脑中再过一遍，十分重要。有人说"早晨 10 分钟，等于平时半天功"，此话有理。所以，在早晨上学之前，让孩子面对书桌片刻，可以使前一天晚上所学的东西深深地记存在孩子的头脑里。养成这个习惯很重要。

正确的复习一定要遵循客观规律，而且要及时，等到知识全忘了，再去复习就会事倍功半了。比如，对当天所讲的课，应该在做完作业后进行复习，三天后再复习，七天后对一周所学习的内容进行小结复习，一个月或三个月做一次总复习，这样就能牢固掌握新知识了。另外指导孩子学会尝试回忆，复习时不要一遍一遍地背，在复习材料还没完全掌握之前，就尝试回忆能使大脑积极活动，使人集中精力去掌握不能回忆的部分或改正回忆中的错误。复习还要针对学科特点，比如，复习语文、外语要做到大声朗读课文，务必记住当天的生词、读写方法和语句的意义，外语要重视语音、时态句型、语法等知识的复习。复习数学要做到背熟公式、定理，做适量练习。复习历史、地理、生物要做到细读教材，深入理解学习过的基本原理，找出前后知识的联系，在理解的基础上背熟基本概念、人名、地点、历史年号、大事件等。

由于中学生大部分的复习时间是在家里，所以家长应该正确引导孩子，使之掌握科学、正确的复习方法。

培养孩子认真阅读的好习惯

【情景再现】

李林爱好读书，本是一件好事，但他有个不太好的习惯。李林的阅读速度很快，读起书来习惯一目十行，读完后收获却不多。而李林的好奇心又特别重，什么都想去了解，阅读范围极广，看了很多，结果自然也是不求甚解。

父母为此有点着急，要求李林慢慢读，同时做一个阅读笔记，这可难坏了李林。结果李林在不知不觉间又哗哗地翻完了书，可阅读笔记上没有几个字。

【情景分析】

阅读是件很美好的事情，如果你真的读进去的话。它给人带来的乐趣和功用，是由于文字所带来的意义。从这个意义上说，文字只是载体，识字只是手段，而阅读才是我们真正的目的。

课堂学习和课外阅读，是一个人学习和掌握知识的两条基本途径。实际上，阅读本身就是听讲，是听不在面前的那位老师讲课。所以，阅读时就要像听讲时一样，一边读一边思考。由于阅读时孩子可以根据自己的基础和理解能力，随时调整阅读速度，不受老师讲课速度的影响，因而可以使学习更加有效。掌握了阅读方法，就基本上掌握了自学的方法。养成了阅读的习惯，不仅可以使孩子提高学习成绩，而且将使孩子受益终身。

有很多知识是教科书上没有的，而要扩大孩子的知识面，增长见识，只有靠平时多读多看。课外阅读是青少年涉猎各种知识的肥沃土壤，是能终身受益的知识银行。 一位成功的家长，应很重视孩子的智力开发，教会孩子阅读是智力开发的第一步。 孩子的思维来自于知识，孩子的知识来自于读书，孩子的读书常常需要父母的引导和示范。

像李林这样，爱好读书是一件值得表扬的事，但很显然，他读书的方法有问题。 试想，作者的心血融入书中，每本书都有每本书的精华所在，如果只是匆匆读过，这样的阅读没有意义。 李林的父母应教给他一些有效的读书方法，培养他认真阅读的好习惯。

【好妈妈必读】

为了培养孩子认真阅读的好习惯，父母可以指导孩子掌握以下有效的读书方法。

（1）预测读书法

对于尚没有养成读书习惯的孩子来说，阅读与电视、电脑相比是枯燥无味的。 为此确有必要设法增加阅读的兴趣。 "预测阅读法"就是这样一个能增加阅读兴趣的好方法。 所谓"预测阅读法"，就是对所学的课文不要忙着看到底，看过题目或开头之后，闭目静思一下，设想这个题目由自己来写，准备怎样组织篇章结构，准备怎样论述，将自己的设想写下来。 然后，再拿它与原文对照，看哪些地方不谋而合，哪些地方不同，相比之下，作者的写法有什么好处，或自己的见解有何独特之处。 这样既能印象较深地学到语文知识，又能锻炼学生的创造力，有益智力的开发。

实践表明，"预测阅读法"的确是启发学生智力、训练阅读能力的一种好方法。 据说著名科学家华罗庚先生年轻时看书就爱先看书名，然后闭耳静思这个题目到了自己手里应如何写。 旅美学者李政道先生看书也爱先看开头和结尾，然后认真思考中间应如何写。他说，只有这样读书，才能消化"别人"，读出"自己"。

（2）五遍读书法

高分考取著名学府的谭曙光同学创立了一种自己的读书方法，即"读书五遍法"，从而在学习上游刃有余，轻松到达成功的彼岸。 "读书五遍法"具体如下：

第一遍：在课前对老师将要讲解的课文粗看一遍，大致了解一下知识内容，不必逐字逐句地理解课文。

第二遍：课后，对老师讲过的内容翻书复习一遍。 这一次不同之前，要认认真真地看，力求在听课的基础上把内容吃透，掌握概念定理的推理运用。

第三遍：当课本的一个单元或章节讲完之后，从头到尾仔仔细细地看一遍，加深对概念定义的理解和掌握。 注意，不要因为对知识已经有一定的了解而对自己打马虎眼，匆匆而过。 这样的结果往往达不到预期目的，不清楚的地方还是不清楚。

第四遍：当一本书全部学完后，还要把整本书连起来读一遍。主要目的是整理各章知识，找到它们之间的相互关系，理出头绪，对全书有一个整体性的了解。

最后一遍：在考试前几天，抽时间把书略翻一遍，配合笔记本，认真看所学内容的重点、难点及一些概念性的和自己容易忽视的内容。

（3）厚薄读书法

这是一种读与删相结合的阅读方法，华罗庚很重视这种阅读方法。 厚薄读书法一般分为两步走：

第一步先把书"由薄读厚"。 "由薄到厚"是学习、接受和记忆的过程，也是知识不断丰富、不断积累的过程。 初读一本书，首先应该慢慢地、一点一点地读，不懂的地方要下工夫。 比如，每个生字都要查字典，每个不懂的句子都要进行仔细的分析，不懂的地方要加上自己的注解，还要查看一些参考书和有关资料。 这样，所读的书就"由薄变厚"了。 华罗庚说："切不要以为'会背会默，滚瓜烂熟'便是读懂书了。 如果不逐步提高，不深入领会，那又与和尚念经有何差异呢！"

第二步是把书"由厚读薄"。 "由厚读薄"指在对读物深入理解的基础上，经过自己的思考，把它加以归纳、综合、概括，抓住书中提纲挈领的精要和最本质的内容，使书本知识真正为自己所有。 华罗庚认为：如果读书的时候，做不到"由厚到薄"，那么书读得越多越不好，因为那样的话很可能会坠入书海之中，不能自拔，那就变成书呆子或"书橱"了。

厚薄读书法的优点在于在阅读过程中把求全与求精有机结合起来，既重视知识量的增加，又利于知识质的提炼、深化，无疑对阅读学习有着非常重要的指导意义。

（4）记账读书法

读书是慢功，容易产生焦虑心情，看不到成绩而坚持不下去，记一记读书账，是克服急躁心理的良方。 简单地讲，"记账读书法"就是把读过的每一本书都像记家庭财务账一样一本本地记下来。

某位老师喜欢读书，他的业余时间有60％花在读书上。 他可以自豪地说，他现在已是读书"亿字户"——这是他的"读书账"告诉他的。

他读书有个习惯——记账。 账目分为读毕日期、书名、作者国籍或朝代、字数等。 读完一本书，就记下一笔账。 随着时间的推移，他的小账本显得越来越珍贵了，每当感到无聊之时，翻开小账本，心中会产生一种说不出的愉悦。

他的"记账法"，是每本书记录"读毕日期""书名""作者"和"字数"等几个项目。其实，也可以多设几个本，一个本记教科书，一个本记课外书。再进一步，还可以如中国古代的"题跋体"一样，将买书的心情、阅读的感想等简单注上一笔，这样慢慢地不就由"记账"变成一篇篇读书笔记了吗？

◆ 打击孩子学习积极性的负面因素 ◆

一味强迫孩子学习	用批评打压代替鼓励

总拿自家孩子和其他孩子比较	不良的环境影响因素

高情商家教思维

1. 你是否认同"良好学习习惯的养成比成绩本身更为重要"这种说法？

_____

_____

2. 孩子不肯自觉主动地学习，可能有哪些原因？（如在学习过程中受到挫折等）

_____

_____

3. 你有哪些促进孩子自觉主动学习的方法？（如赞美孩子的进步、带他们参观图书馆等）

_____

_____

4. 针对孩子在学习中产生的疑难问题，妈妈应该为其解决还是任孩子自行摸索？为什么？

_____

_____

5. 孩子常常注意力不集中，妈妈应该如何进行引导？

_____

_____

6. 你认为本书最有启发意义的一个技巧是？

_____

_____